Franck Fischbach est Professeur de Philosophie allemande moderne et contemporaine à l'Université de Strasbourg.

APRÈS LA PRODUCTION

DANS LA MÊME COLLECTION

ANDRIEU B., *Sentir son corps vivant. Emersiologie 1*, 2016.

ANDRIEU B., *La langue du corps vivant. Emersiologie 2*, 2018.

BARBARAS R., *La perception. Essai sur le sensible*, 2009.

BENOIST J., *Éléments de philosophie réaliste*, 2011.

BENOIST J., *L'adresse du réel*, 2017.

BINOCHE B., *Opinion privée, religion publique*, 2011.

BOURGEOIS B., *Sept questions politiques du jour*, 2017.

CASTILLO M., *Faire renaissance. Une éthique publique pour demain*, 2016.

CHAUVIER S., *Éthique sans visage*, 2013.

FISCHBACH F., *Philosophies de Marx*, 2015.

GABRIEL M., *Propos réalistes*, 2019.

GODDARD J.-Ch., *Violence et subjectivité. Derrida, Deleuze, Maldiney*, 2008.

HOTTOIS G., *Le signe et la technique. La philosophie à l'épreuve de la technique*, 2018.

KERVÉGAN J.-Fr., *La raison des normes. Essai sur Kant*, 2015.

LAUGIER S., *Wittgenstein. Les sens de l'usage*, 2009.

MEYER M., *Qu'est-ce que la philosophie ?*, 2018.

POUIVET R., *Après Wittgenstein, saint Thomas ?*, 2014.

MOMENTS PHILOSOPHIQUES

Franck FISCHBACH

APRÈS LA PRODUCTION
TRAVAIL, NATURE ET CAPITAL

PARIS
LIBRAIRIE PHILOSOPHIQUE J. VRIN
6 place de la Sorbonne, V e
2019

© *Librairie Philosophique J. VRIN*, 2019
Imprimé en France
ISSN 1968-1178
ISBN 978-2-7116-2888-9
www.vrin.fr

INTRODUCTION

> Tout progrès de l'agriculture capitaliste est
> non seulement un progrès dans l'art de piller
> le travailleur, mais aussi dans l'art de piller
> le sol ; tout progrès dans l'accroissement de
> sa fertilité pour un laps de temps donné est
> en même temps un progrès de la ruine des
> sources durables de cette fertilité. [...] Si
> bien que la production capitaliste ne
> développe la technique et la combinaison
> du procès social de production qu'en ruinant
> dans le même temps les sources vives de
> toute richesse : la terre et le travailleur.
>
> Karl Marx [1]

Ainsi donc il nous faut renoncer au paradigme sous
lequel la modernité a accédé à la compréhension d'elle-même
ces deux derniers siècles : le paradigme de la production.
À regret et non sans résistance (parfois acharnée) pour
certains, ou au contraire en s'en félicitant et avec enthou-
siasme pour d'autres, nous sortons du paradigme productif.
Le monde de la production est fini, il se montre à nous
comme étant fini, comme ayant atteint sa limite, lui qui a
longtemps prétendu être au contraire infini, illimité, sans
borne et qui s'est identifié ou a été identifié au progrès de
la civilisation et de la culture, lui-même porté par le

1. K. Marx, *Le Capital*, livre 1, chap. XIII, trad. fr. J.-P. Lefebvre,
Paris, P.U.F., 1993, p. 566-567.

développement indéfini des forces justement nommées productives.

Nous savons désormais que le développement des forces productives humaines et sociales n'est pas illimité et qu'il rencontre des bornes qui sont celles que lui opposent les écosystèmes. Cette façon de formuler les choses – qui est notamment celle de J. G. Speth quand il écrit que « l'économie mondiale est en train de s'écraser contre la Terre dans une grande collision »[1] – doit cependant être aussitôt corrigée : elle peut en effet laisser supposer qu'il y aurait une trajectoire historique spontanée des forces productives qui les conduirait à venir buter sur la Terre ou sur la nature comme sur une limite externe. Aussi faut-il d'emblée préciser qu'une certaine organisation sociale de la production, ou ce que Marx appelait un mode de production ne vient pas buter sur « la nature » comme sur une borne qui lui serait externe, qui lui préexisterait à la façon d'un obstacle déjà là qui aurait attendu quelque part que la société vienne se heurter à lui : une société donnée et un mode donné de production fabriquent et produisent eux-mêmes de façon interne leurs *propres* limites « naturelles », ils sont des ensembles inséparablement sociaux et naturels dont le développement historique finit par révéler ou rendre manifestes *comme* limites à la poursuite même de ce développement des aspects ou des dimensions dont un autre mode de production n'aurait pas *fait* des limites[2]. Ce n'est donc pas la trajectoire des forces

---

1. James G. Speth, *The Bridge at the Edge of the World : Capitalism, the Environment and Crossing from Crisis to Sustainability*, New Haven, Yale University Press, 2008, p. 1.

2. Voir T. Benton, « Marxism and Natural Limits », *New Left Review* 178, 1989.

productives humaines et sociales *en général* qui vient aujourd'hui heurter de plein fouet l'écosystème terrestre : c'est la trajectoire *spécifiquement* imprimée par le capitalisme au développement des forces productives depuis que ce mode de production a rendu son développement et son fonctionnement inséparables de l'extraction et de l'usage massif des combustibles fossiles, et donc depuis qu'il est devenu ce qu'Andreas Malm a proposé d'appeler le « capitalisme fossile »[1].

C'est le sens en particulier de la critique du dualisme société/nature que mène Jason W. Moore[2] : selon lui, la nature ne peut être considérée comme une limite externe que viendrait rencontrer en s'y heurtant un mode social d'organisation de la production dès lors que, selon les termes de Jason W. Moore, une formation sociale donnée (et donc la nôtre aussi) « n'agit pas *sur* la nature », mais « se développe *dans* la toile même du vivant (*in the web of life*) ». On reconnaît ici la thèse, soutenue aussi et d'abord par Bruno Latour[3], de « l'hybridisme », c'est-à-dire l'idée que le réel est une toile qui tisse les fils du « naturel » et du « social » au point de les rendre inséparables : il n'existerait à proprement parler, donc substantiellement,

1. A. Malm, *Fossil Capital. The Rise of Steam Power and the Roots of Global Warming*, London, Verso, 2016. Voir aussi I. Angus, *Face à l'anthropocène. Le capitalisme fossile et la crise du système terrestre*, préfaces de É. Pineault et J. Bellamy Foster, trad. fr. N. Calvé, Montréal, Les Éditions Écosociété, 2018, chap. 8.

2. Jason W. Moore, *Capitalism in the Web of Life*, London, Verso, 2015.

3. B. Latour, *Nous n'avons jamais été modernes*, Paris, La Découverte, 1991 ; *Politiques de la nature. Comment faire entrer les sciences en démocratie*, Paris, La Découverte-Syros, 1999.

qu'une hybridation du social et du naturel, qui rend
impossible toute distinction réelle entre l'un et l'autre [1].

Cette thèse n'est pas aussi nouvelle qu'elle peut sembler
l'être au premier abord : on la trouve notamment déjà
soutenue par Marx [2] dès ses *Manuscrits de 1844*, de sorte
que ceux qui la soutiennent aujourd'hui ont tort de prétendre
mettre fin à un « dualisme » de la nature et de la société
qui aurait régné sans partage sur la pensée occidentale
jusqu'à eux. Remarquons ensuite que poser que les sociétés
humaines et la nature sont entremêlées au point d'être
inséparables ne devrait pas empêcher d'introduire la
dimension de la *polarité*, au sens où une unité nature/
société peut être *à dominante* naturelle, quand une autre
sera *à dominante* sociale et historique [3]. Là encore, c'est
une idée que l'on trouve déjà chez Marx qui, dans les
Grundrisse, notait que, « dans toutes les formes de société
où domine la propriété foncière, les liens avec la nature
restent encore prépondérants », tandis que, « dans celles
où domine le capital, c'est l'élément créé par la société,
par l'histoire qui est prépondérant » [4]. Enfin, l'hybridisme

1. Pour une critique de l'hybridisme au point de vue d'un « dualisme
de propriété » (qui reste un monisme de substance, posant l'unité
substantielle de la nature et de la société, mais tout en maintenant la
possibilité de les distinguer par leurs *propriétés*), voir A. Malm, « Nature
et société : un ancien dualisme pour une situation nouvelle », *Actuel
Marx* 61, 1 er semestre 2017, p. 47-63.

2. « La nature qui devient dans l'histoire humaine, dans l'acte
d'engendrement de la société humaine, est la nature *réelle* de l'homme »,
ou encore : « L'histoire elle-même est une partie réelle de l'histoire de
la nature » (K. Marx, *Manuscrits économico-philosophiques de 1844*,
trad. fr. F. Fischbach, Paris, 2007, p. 153).

3. Voir notre ouvrage *La production des hommes. Marx avec Spinoza*,
Paris, Vrin, 2014, p. 75-79. Voir aussi A. Schmidt, *Le concept de nature
chez Marx*, Paris, P.U.F., 1994, chap. 2, p. 91-130.

4. K. Marx, *Manuscrits de 1857-1858 (« Grundrisse »)*, trad. fr.
J.-P. Lefebvre (dir.), Paris, Éditions sociales, 1980, t. 1, p. 42.

(qui prend chez J. W. Moore le nom de « double internalité ») peut conduire à des thèses que leur excès même rend suspectes, comme par exemple lorsque Jason W. Moore se laisse aller à écrire que « oui, le capitalisme fabrique des environnements ; oui, la toile du vivant fabrique le capitalisme »[1] : autant il est clair que le capitalisme est un mode de production qui engendre des formes déterminées d'environnement, autant on ne voit pas ce qui peut fonder l'idée que la toile du vivant puisse elle-même contribuer à fabriquer le capitalisme.

Que la « toile du vivant » puisse finir par produire des éléments spécifiquement capitalistes est une idée qui peut se comprendre à la rigueur, mais à la condition d'ajouter que ce n'est évidemment jamais à elle qu'en revient l'initiative : elle n'est et ne peut être entraînée à le faire qu'à partir d'un point où la logique du capital s'est déjà profondément appropriée et a déjà suffisamment pénétré la « toile du vivant ». Aucun des quatre « intrants » (la force de travail, la nourriture, l'énergie et les matières premières) indispensables à l'accumulation de capital n'entre *de* lui-même ni *par* lui-même dans cette logique d'accumulation : il faut qu'ils soient d'abord appropriés par le capital, et il faut en particulier que la force de travail soit d'abord transformée en marchandise pour que les « natures extrahumaines » (nourriture, énergies, matières premières) puissent être ensuite capitalisées. Lorsque le même J. W. Moore pose que « le projet du capital est de créer une Nature à son image, infiniment quantifiable et interchangeable »[2], il concède en réalité lui-même qu'un tel projet ne peut qu'être *imposé* à la nature par le capital

---

1. Jason W. Moore, « La nature dans les limites du capital (et *vice versa*) », *Actuel Marx* 61, 1er semestre 2017, p. 28.
2. Jason W. Moore, *Capitalism in the Web of Life, op. cit.*, p. 41.

et que cela n'a donc en réalité pas de sens de prétendre que « la toile du vivant fabrique le capitalisme » : ainsi, la suppression des limites entre les « Quatre Grands Intrants » par le fait notamment de transformer la nourriture en énergie ou l'inverse (ainsi, par exemple, du maïs que le capital traite aujourd'hui tout à la fois comme de la nourriture pour les hommes et les bêtes, comme une source d'énergie dont on extrait l'éthanol et comme un matériau de construction) ne peut se comprendre qu'eu égard au « projet du capital » de créer une nature « à son image ».

NAISSANCE DE LA PRODUCTION FONDÉE
SUR L'ÉNERGIE FOSSILE

En ce sens, les limites que le mode actuel de production rencontre, celles sur lesquelles il semble venir buter aujourd'hui comme sur d'indépassables obstacles, ne sont des limites que *pour lui*, elles ne sont posées historiquement *comme* des limites que *par* lui : elles ne sont donc pas les limites de *toute* production humaine en général, ni de *toute* forme sociale de production. Elles sont au contraire les limites engendrées *comme telles* par la forme spécifique de production qui est née en Occident, plus précisément en Angleterre, à la fin du XVIIIe siècle et qui, de là, a colonisé l'ensemble de la planète et s'est imposée à l'ensemble des sociétés humaines. Il s'agit de cette forme particulière de production « basée sur la combustion d'énergie fossile et générant une croissance soutenue des émissions de CO_2 »[1], de cette forme spéciale de production que quelques propriétaires de moyens de production dans l'industrie de

1. A. Malm, *L'anthropocène contre l'histoire. Le réchauffement climatique à l'ère du capital*, trad. fr. E. Dobenesque, Paris, La Fabrique, 2017, p. 8.

la filature de coton ont adoptée au tournant du XIXe siècle, et qu'ils sont parvenus à imposer aux autres. Ceci s'étant produit à peu près au moment où, dans l'industrie du fer cette fois, on trouvait le moyen de se passer du charbon de bois, dévoreur d'un bois coûteux à importer et exposé aux risques de pénurie, grâce à l'invention du coke par la pyrolyse de la houille : « cette innovation entraîna une augmentation considérable de la production de fer et, en parallèle de l'extraction de charbon »[1], dont le coût diminua d'autant, à la grande satisfaction des propriétaires de filatures de coton et d'usines de tissage.

La production qui apparaît comme finie est celle-ci, mais il se trouve que nous n'en connaissons pas ou plus d'autres, de sorte que lorsque nous parlons de production, c'est à celle-ci que nous pensons : à la production industrielle reposant sur la combustion massive de l'énergie fossile et entraînant le rejet massif de CO_2 dans l'atmosphère, telle qu'elle est née et s'est développée au sein d'une forme spécifique de rapports sociaux de production.

Il est au demeurant important de distinguer ici entre ces rapports de production et la production elle-même : nous ne disons pas que la production capitaliste serait née à la fin du XVIIIe siècle avec la production industrielle reposant sur la combustion de l'énergie fossile et il est assez évident que cette façon spécifique de produire est elle-même apparue au sein de rapports sociaux de production qui relevaient *déjà* de formations sociales d'un type très largement et très majoritairement capitaliste. Il faut même dire qu'il est indispensable que les rapports sociaux et les mentalités aient déjà été de type capitaliste pour que la production mobilisant les énergies fossiles ait pu s'imposer :

---

1. I. Angus, *Face à l'anthropocène. Le capitalisme fossile et la crise du système terrestre, op. cit.*, p. 155.

sans la concentration massive de la production et donc sans la concentration également massive d'une force de travail disponible dans les villes, sans un développement des capacités productives qui à la fois soit le plus grand possible et coûte le moins possible, et donc en dehors d'un rapport capital/travail *déjà instauré* comme rapport social, le recours aux énergies fossiles n'aurait pas eu lieu.

Contrairement à ce qu'a pu soutenir Jason W. Moore dans les controverses qui l'ont opposé à Andreas Malm, il ne s'est évidemment jamais agi de prétendre que le capitalisme serait né en Angleterre à la fin du XVIIIe siècle avec l'invention de la machine à vapeur et le début du recours à l'énergie fossile : l'enjeu est de comprendre cette invention et ce recours comme des événements clés *au sein de* l'histoire déjà largement entamée du capitalisme, de comprendre la portée (jusqu'à nous) de cet événement et des transformations qu'il a induites à l'intérieur du capitalisme, en particulier s'agissant du bouleversement qu'il engendre dans le rapport entre la société et la nature.

Si la production dont nous parlons et dont nous disons qu'elle est finie n'est pas la production en général, mais bien une forme *déterminée* de production, c'est précisément parce que ce sont des rapports sociaux eux-mêmes historiquement déterminés qui ont conféré cette forme particulière aux forces productives qui se développaient en leur sein. Or cette forme sociale déterminée est celle qui met en rapport des propriétaires de moyens de production avec des propriétaires de force de travail. Andreas Malm repart d'une idée déjà exprimée par Marx dans *Le Capital*, à savoir que, aussi étrange que cela puisse paraître à première vue, c'est bien cette forme-là des rapports sociaux qui explique que la machine à vapeur ait supplanté la roue hydraulique, également appelée la roue à aubes au fil de l'eau.

Comment expliquer autrement, en effet, que la machine à vapeur se soit imposée alors même que, jusque dans les années 1820, les machines à vapeur les plus performantes ne développaient que 60 cv-vapeur, quand les grandes roues hydrauliques délivraient une puissance comprise entre 300 et 500 cv-vapeur[1]? Comment comprendre que la majorité des industriels du coton et de la laine ait fini par ne plus trouver convaincants vers 1830 les arguments que l'un des leurs opposait encore en 1791 aux représentants commerciaux de Boulton & Watt qui cherchaient à leur vendre la machine à vapeur : « les frais d'une petite machine à vapeur ainsi que ceux de la consommation de charbon et d'eau étant bien plus élevés que je ne pensais qu'il serait nécessaire pour notre travail, il semble plus indiqué de placer nos machines sur un cours d'eau à environ un mile de notre maison »[2]? Comment des industriels capitalistes ont-ils pu finalement choisir de déplacer leurs machines loin des cours d'eau qui alimentaient pourtant leurs roues hydrauliques en une eau abondante et gratuite, et faire le choix apparemment non rationnel d'une source payante d'énergie (le charbon), de machines onéreuses et au rendement plus faible et moins régulier, du moins au départ? Précisément parce qu'ils étaient des industriels *capitalistes*, et parce que l'immobilisation de sommes plus importantes en capital constant dans l'achat des machines à vapeur était à leurs yeux largement contrebalancée par la perspective d'une forte augmentation de la part variable du capital, c'est-à-dire par l'accès à une main d'œuvre abondante et peu chère[3]. Il leur fallait rejoindre cette main d'œuvre là où elle était déjà massée et y attirer encore

1. A. Malm, *L'anthropocène contre l'histoire*, *op. cit.*, p. 86.
2. *Ibid.*, p. 82 et note 172, p. 227.
3. C'est ce que montre Andreas Malm dans *Fossil Capital : The Rise of Steam Power and the Roots of Global Warming*, éd. cit.

davantage de forces de travail, et pour cela il fallait qu'ils déplacent leurs machines, ce qui n'était possible qu'en changeant de source d'énergie, qu'en passant de l'énergie hydraulique et de rivières qu'on ne peut déplacer, à l'énergie fossile, au charbon qu'on peut transporter et faire venir partout.

C'était déjà l'explication que donnait Marx quand, parlant de « la deuxième machine à vapeur de Watt » comme du « premier moteur produisant lui-même sa force motrice à partir de l'ingestion de charbon et d'eau », il notait que ce moteur « permet la concentration de la production dans les villes au lieu de la disséminer dans les campagnes comme le fait la roue hydraulique »[1] : cela ne peut être une bonne raison d'adopter la machine de Watt que pour un propriétaire *capitaliste* de moyens de production, qui a, en tant que tel, besoin d'accéder à la main d'œuvre là où elle est déjà massée et accessible à faible coût.

Une autre preuve de ce qu'il fallait que le rapport social dominant soit *déjà* capitaliste pour que la conversion à l'énergie fossile ait lieu est donnée par le fait que le recours au charbon et à la vapeur est ce qui a permis aux grands propriétaires de filatures de résister aux offensives ouvrières qui ont débouché en 1847 sur la conquête du *Bill* de 10 heures. Les industriels dont les machines fonctionnaient à l'eau étaient soumis aux variations du débit des rivières : c'est pourquoi il leur était habituel, après un été marqué par une forte baisse de débit et donc par une chute de leur production, d'imposer à l'automne et à l'hiver des horaires de travail fortement augmentés, pouvant aller jusqu'à 15 heures par jour, afin de compenser les pertes estivales.

---

1. K. Marx, *Le Capital*, livre 1, chap. XIII (« La machinerie et la grande industrie »), *op. cit.*, p. 423.

C'est la raison pour laquelle ces industriels voyaient d'un très mauvais œil la perspective, ouverte par les luttes ouvrières contre la prolongation de la journée de travail dans les filatures à eau, d'une fixation d'un nombre maximal d'heures de travail par jour, et plus encore celle d'une baisse de la journée de travail à 12 voire à 10 heures. D'où le fait que, lorsque la journée de 10 heures a été conquise en 1847, après une première baisse modérée en 1833, le recours au charbon et à la machine à vapeur s'est imposé comme le seul moyen non seulement de maintenir mais d'accroître encore la productivité du travail[1] : c'est là un exemple paradigmatique d'articulation entre la subsomption formelle et la subsomption réelle du travail sous le capital, la subsomption réelle par transformation du procès de travail prenant le relai d'une subsomption formelle défaillante parce que parvenue à ses limites.

Mais, précisément, une telle transformation ne pouvait avoir lieu que dans le cadre d'un rapport social de type *déjà* capitaliste : « le capitalisme du coton, écrit Andreas Malm, s'est tourné vers la vapeur parce qu'elle offrait un pouvoir supérieur sur la main d'œuvre »[2], en permettant d'augmenter l'intensité du travail et donc sa productivité au sein d'une journée désormais limitée à 10 heures, et en intervenant sur la composition interne de cette journée de travail (c'est-à-dire sur le rapport entre travail nécessaire et surtravail[3]), et non plus sur sa durée. De sorte que ce qui apparaît clairement, c'est bien « la nature de projet de classe de la vapeur »[4] : le recours à une énergie fossile comme le charbon ne pouvait avoir lieu que dans le cadre

---

1. Voir A. Malm, *L'anthropocène contre l'histoire*, *op. cit.*, p. 105-112.
2. *Ibid.*, p. 112.
3. K. Marx, *Le Capital*, livre 1, chap. XIV, *op. cit.*, p. 571.
4. A. Malm, *L'anthropocène contre l'histoire*, *op. cit.*, p. 112.

d'un rapport de classes opposant ceux qui luttaient pour une limitation de la durée journalière du travail à ceux qui luttaient pour la possibilité de maintenir la croissance du taux de profit. La même chose s'est produite à nouveau au début du XXᵉ siècle, au moment où a commencé la conversion à un autre combustible fossile, le pétrole : comme le remarque Ian Angus, « la lutte des classes a joué un rôle déterminant dans ce choix »[1]. Faisant face en 1910, comme secrétaire à l'Intérieur, à un puissant mouvement de grève dans les mines galloises d'anthracite, un charbon de qualité supérieure nécessaire à l'alimentation des navires de guerre, Winston Churchill, devenu premier Lord de l'Amirauté l'année suivante, en 1911, prit aussitôt la décision de convertir la flotte britannique au pétrole afin de rendre le fonctionnement de celle-ci indépendant des luttes des mineurs d'anthracite. Dans la suite de Marx, qui avait parfaitement su voir que « la machine à vapeur fut d'emblée un antagoniste de la "force humaine" qui permettait au capitaliste d'écraser les prétentions croissantes des ouvriers », on pourrait écrire une histoire des sources d'énergie fossile à la manière dont Marx envisageait une histoire des « inventions [techniques] depuis 1830 »[2] : à savoir comme l'histoire « des armes de guerre du capital contre des émeutes ouvrières »[3].

---

1. I. Angus, *Face à l'anthropocène. Le capitalisme fossile et la crise du système terrestre*, *op. cit.*, p. 159.
2. Les deux, énergie fossile et innovation technique, étant d'ailleurs inséparables : charbon et machine à vapeur, charbon et chemin de fer, pétrole et automobile (*cf.* Paul A. Baran et Paul M. Sweezy, *Le capitalisme monopoliste. Un essai sur la société industrielle américaine*, Paris, Maspero, 1968, p. 199-201).
3. K. Marx, *Le Capital*, livre 1, chap. XIII, *op. cit.*, p. 489.

LA FORME DU PROCÈS DE TRAVAIL

Les analyses critiques que A. Malm consacre au(x) récit(s) de l'anthropocène ont ceci de précieux qu'elles permettent de faire le départ entre la production spécifiquement capitaliste et le travail humain en général. En effet, le propre du paradigme de l'anthropocène est de poser que l'activité humaine en tant que telle, c'est-à-dire *en tant qu'humaine*, aurait produit depuis qu'elle est apparue des effets de transformation sur le climat. Reprenant à Marx la définition du procès de travail comme de l'activité qui consiste en « l'appropriation de l'élément naturel en fonction des besoins humains » et qui, en ce sens, est « la condition générale du métabolisme entre l'homme et la nature »[1], les récits ou les narrations de l'anthropocène considèrent que cette appropriation humaine de l'élément naturel aurait dès son commencement enclenché un processus dont le réchauffement climatique actuel ne serait que l'ultime manifestation ou conséquence. Mais ces récits oublient le reste de l'analyse de Marx, ils oublient en particulier que si, d'un côté, Marx écrit certes que « le fait que le travailleur accomplisse [son travail] pour le compte du capitaliste et non pour lui-même ne change naturellement rien à la nature générale du procès de travail », en revanche et d'un autre côté, cela change évidemment *tout* du point de vue des rapports sociaux, en ce que cela suppose que le procès de travail soit devenu le « support » ou le « substrat matériel » du procès de formation de la valeur et de valorisation du capital. Or cette unification du procès de travail et du procès de formation de la valeur, telle qu'elle a lieu sous la forme de la production capitaliste, ne peut

---

1. K. Marx, *Le Capital*, livre 1, chap. v, *op. cit.*, p. 207.

elle-même rester sans conséquences sur la manière dont s'effectue, dans le procès de travail, « l'appropriation de l'élément naturel ».

Que le procès de travail soit « la condition naturelle éternelle de la vie des hommes »[1], qu'il n'y ait pas de vie sociale possible sans le travail comme processus assurant le métabolisme entre l'homme et la nature, c'est une chose ; autre chose est la forme que prend ce processus matériel. Ainsi, matériellement, cultiver le blé consiste bien toujours en un travail de labour, d'ensemencement du champ, en un ensemble de soins régulièrement apportés aux pousses et enfin en un travail de récolte une fois le blé parvenu à maturité – mais les individus qui accomplissent ce procès de travail peuvent le faire « sous le fouet brutal du surveillant d'esclaves ou sous l'œil inquiet du capitaliste »[2]. Aux yeux du premier, les esclaves sont des outils de travail vivants, aux yeux du second les travailleurs sont les propriétaires d'une marchandise, la force de travail, dont lui, le capitaliste, a acheté l'usage pour une certaine durée : pour lui, la force de travail, les semences et les machines qui servent à labourer, à semer et à récolter sont des choses porteuses de valeur dont la mise en œuvre et en action sous son contrôle a pour fin d'engendrer une valeur plus grande que celle dont ces choses sont elles-mêmes porteuses. Que ce soit sous le fouet du surveillant d'esclaves qui veille à ce que ses machines vivantes donnent bien le maximum de ce qu'elles peuvent, ou que ce soit sous le regard du capitaliste qui veille à ce que son capital investi non seulement ne soit pas perdu ou gaspillé mais se valorise, dans les deux cas, nous avons un procès de travail au sens d'un processus métabolique entre l'homme et la nature,

1. K. Marx, *Le Capital*, livre 1, chap. v, *op. cit.*, p. 207.
2. *Ibid.*

mais la forme en est complètement différente parce qu'il s'inscrit dans des rapports sociaux eux-mêmes complètement différents : cette différence de forme a pour conséquence que le procès de travail, selon la forme qui est la sienne, instaure un rapport social à la nature [1] tout à fait différent.

Ces rapports sociaux différents modifient en effet à leur tour la manière dont s'effectue le métabolisme entre l'homme et la nature, c'est-à-dire la façon dont se réalise et s'accomplit le procès de travail. Que dirait par exemple le propriétaire d'esclaves à celui qui viendrait lui proposer une machine nouvellement inventée lui permettant de se passer d'un certain nombre de ses esclaves ? Il dirait qu'il n'en voit pas l'intérêt : ses esclaves sont déjà d'excellents outils qui ont, en outre, l'avantage d'être vivants et donc de se reproduire, ce que ne peut faire une machine qui s'usera et devra à terme être remplacée par une autre dont l'acquisition occasionnera de nouveaux frais. La réponse du capitaliste à la même offre sera bien différente : il verra arriver d'un très bon œil cette nouvelle machine qui lui permet d'augmenter la productivité du travail et d'exercer une pression à la baisse sur la valeur de la force de travail grâce à la mise en concurrence de la force humaine de travail avec la machine. Et il ne s'inquiétera pas outre mesure de ce que le remplacement à terme de la machine en raison de son usure occasionnera des frais parce qu'il a conscience de ce que, sur la durée de son usage, la machine aura transféré sa propre valeur aux produits qu'elle aura permis de fabriquer. Son intérêt pour cette nouvelle machine sera décuplé si on lui explique en outre qu'elle fonctionne

---

1. Sur le concept rapport social à la nature, voir les travaux de l'Institut für sozial-ökologische Forschung de Francfort, en particulier E. Bercker, Th. Jahn (Hg.), *Soziale Ökologie. Grundzüge einer Wissenschaft von den gesellschaftlichen Naturverhältnissen*, Frankfurt-New York, Campus Verlag, 2006, chap. 3, 3.1, p. 169-197.

non pas grâce à la force animale, humaine, éolienne ou hydraulique, mais grâce à une source nouvelle d'énergie, une énergie fossile présente en abondance et pour très longtemps dans le sous-sol, aisément transportable, stockable et facile à se procurer à un coût pas trop élevé. Voilà donc une machine qui augmentera sa production, qui lui épargnera des dépenses en achat de force de travail, qui abaissera le coût de celle qu'il possède déjà[1], tout en lui permettant d'en accroître la productivité et qui, en outre, ne nécessite pas, pour fonctionner, que son domaine soit traversé d'une rivière ou située dans une zone ventée.

Des types différents de rapports sociaux impliquent donc des rapports également différents à ces intrants naturels de la production que sont la force humaine de travail et les sources naturelles d'énergie.

La chose est d'emblée plus évidente s'agissant des forces humaines de travail. Marx n'a de cesse d'insister sur le fait que ces forces sont d'abord des forces *naturelles*. « L'être humain lui-même, considéré comme pure existence de force de travail, est un objet naturel (*ein Naturgegenstand*), une chose, certes vivante et consciente de soi, mais une chose (*ein Ding*) – et le travail proprement dit est la réification (*dingliche Äusserung*)[2] de cette force »[3]. L'être humain

---

1. Puisque le coût des marchandises nécessaires à la reproduction de la force de travail aura lui-même baissé grâce à l'augmentation de la productivité du travail.

2. En raison des connotations négatives du terme de « réification », qu'il partage avec celui d'aliénation, il vaudrait beaucoup mieux rendre ici « *dingliche Äusserung* » par « expression chosale » (la proximité entre « *das Ding* » et l'adjectif « *dinglich* » doit apparaître aussi en français) ou « expression sous forme de chose » (le passage porte sur les choses dotées d'une valeur d'usage produites par le travail) : quoiqu'on choisisse, il est important de noter que « *dingliche Äusserung* » est une expression parfaitement neutre.

3. K. Marx, *Le Capital*, livre 1, chap. VI, *op. cit.*, p. 227.

considéré comme existence et incarnation d'une force de travail est lui-même une force de la nature ou, plus exactement, il est un être naturel, une chose de la nature qui possède une force et une énergie qui s'expriment, s'extériorisent et se déploient dans la nature en y produisant des effets qui consistent en des modifications apportées à des choses matérielles. « Par force de travail ou puissance de travail, écrit Marx, nous entendons le résumé de toutes les capacités physiques et intellectuelles qui existent dans la corporéité, la personnalité vivante d'un être humain, et qu'il met en mouvement chaque fois qu'il produit des valeurs d'usage d'une espèce quelconque. »[1]. La force humaine de travail existe comme un ensemble d'énergies musculaire et nerveuse qui rendent le corps humain capable d'appliquer ses forces à des matériaux donnés pour en faire des choses utiles, c'est-à-dire des choses capables de satisfaire les besoins des individus de son espèce. De sorte que « la force de travail existe uniquement comme une disposition de l'individu vivant »[2].

Mais cet ensemble de forces physiques et mentales que sont les forces humaines de travail s'inscrit ensuite et déploie ses effets dans des formes humaines d'organisation sociale et donc sous des rapports sociaux qui sont variables historiquement et qui possèdent des spécificités qui leur sont à chaque fois propres. C'est le cas bien sûr des rapports sociaux de type capitaliste dont il s'est précisément agi pour Marx de comprendre la spécificité qu'il définit notamment de la manière suivante : « ce qui caractérise donc l'époque capitaliste, c'est que la force de travail acquiert pour le travailleur lui-même la forme d'une marchandise qui lui appartient […] [;] en outre, c'est

1. *Ibid.*, chap. IV, p. 188.
2. *Ibid.*, p. 192.

seulement à partir de ce moment que se généralise la forme marchandise des produits du travail » [1]. Sous le capitalisme, pour l'individu qui travaille, ses propres forces de travail, l'ensemble de l'énergie musculaire et nerveuse qu'il mobilise dans une activité de travail en l'appliquant à des matériaux, prend la forme historiquement tout à fait spécifique de quelque chose qui appartient à cet individu, la forme donc d'une propriété, non pas du tout au sens naturel du terme (*Eigenschaft*), mais au sens juridique (*Eigentum*) de quelque chose que celui qui la possède peut vendre ou dont il peut céder l'usage à autrui contre une valeur équivalente. Les forces naturelles qui sont celles du corps et que le corps mobilise et déploie quand il est engagé dans une activité de travail acquièrent alors une caractéristique tout à fait nouvelle qui est absolument irréductible à leurs caractéristiques naturelles : elles ont désormais une valeur qui permet qu'elles entrent dans un échange marchand, elles peuvent être vendues contre un équivalent en valeur.

Voilà donc comment est transformé socialement l'ensemble des forces naturelles (physiques, nerveuses, musculaires, cérébrales) qui sont les caractéristiques naturelles du corps humain : en l'occurrence, un rapport social tout à fait spécifique historiquement et propre aux sociétés de type capitaliste transforme en une chose de valeur, en une marchandise cet ensemble de forces naturelles qui « existent dans la corporéité, la personnalité vivante d'un être humain ». Mais la même chose se produit aussi avec les forces naturelles extérieures au corps humain, c'est-à-dire avec les forces de ce qu'on appelle la nature.

---

1. K. Marx, *Le Capital*, livre 1, chap. VI, *op. cit.*, p. 191.

CE QUE LE CAPITAL FAIT
AUX FORCES NATURELLES DE TRAVAIL

C'est ce que Marx montre au chapitre XXXVIII du Livre 3 du *Capital*, lorsqu'il examine la manière dont le capital « monopolise les forces naturelles »[1]. Faisons l'hypothèse de deux fabricants de tissus, la production de l'un utilisant comme force motrice la chute d'eau naturelle, tandis que celle de l'autre repose sur l'utilisation de la vapeur. À première vue, la différence entre les deux réside dans le fait que le premier, en utilisant la force motrice de la chute d'eau, utilise quelque chose qui ne lui coûte rien, alors que le second, en ayant recours au charbon qui transforme l'eau en vapeur, utilise une chose qui « est elle-même un produit du travail, et donc possède une valeur pour laquelle il faut payer un équivalent »[2]. Mais cette différence n'est qu'apparente : le premier de nos fabricants a dû acheter le terrain sur lequel se trouve la chute d'eau mais il ne paye pas la force naturelle de la chute d'eau (qui est ce que Marx nomme « un agent de production naturel dans lequel n'entre aucun travail »[3]), tandis que le second doit acheter le charbon, mais ne paye pas « le pouvoir que possède l'eau de changer d'état physique et de devenir vapeur, ni l'élasticité de la vapeur »[4]. Dans les deux cas, le fabricant met la main sur des forces naturelles et les « monopolise » sans que cela lui coûte quoi que ce soit.

---

1. K. Marx, *Le Capital*, livre 3, chap. XXXVIII, trad. fr. C. Cohen-Solal et G. Badia, Paris, Éditions sociales, Paris, 1977, p. 589.
2. *Ibid.*, p. 588.
3. *Ibid.*
4. *Ibid.*

Il est particulièrement intéressant que Marx fasse ici aussitôt le parallèle avec la force humaine de travail : parlant de la force de la chute d'eau et de celle de la vapeur, Marx note que « le capital les monopolise tout autant que les forces naturelles sociales du travail, issues de la coopération, de la division du travail, etc. »[1]. Il s'agit là de forces propres au travail humain qui ne sont pas purement naturelles comme le sont les forces de type musculaire, nerveux ou encore psychique et mental mises en œuvre et mobilisées par le travail. La force coopérative du travail n'est pas du même type, ne serait-ce que parce qu'elle n'est pas intérieure à un corps humain : elle est pourtant une propriété naturelle du travail humain, une propriété certes toujours socialement organisée et configurée, mais néanmoins naturelle au sens où il n'y a pas de groupe humain qui ne puisse ni ne sache mettre en œuvre spontanément la puissance naturellement coopérative du travail humain quand ce groupe est confronté à une tâche de grande ampleur. C'est cette force naturellement coopérative du travail humain que le capital mobilise et capte à son profit, ainsi que Marx l'explique dans le chapitre « Coopération » (chapitre XI) du Livre 1 du *Capital*. L'aptitude naturelle des hommes à travailler de façon coopérative s'actualise quand « un grand nombre de bras œuvrent en même temps à la même œuvre indivise, par exemple quand il s'agit de soulever un poids, de tourner une manivelle ou de venir à bout d'une résistance quelconque ».

Ainsi, c'est un phénomène purement naturel que Marx décrit quand il constate que « le seul contact engendre dans la plupart des travaux productifs un esprit de compétition,

1. K. Marx, *Le Capital*, livre 3, chap. XXXVIII, *op. cit.*, p. 589.

une excitation propre des esprits vitaux (*animal spirits*)[1] qui augmentent l'efficience des individus de telle sorte qu'une douzaine de personnes fournissent ensemble, en une journée de travail simultané de 144 heures[2], un produit global bien plus élevé que 12 travailleurs isolés travaillant chacun 12 heures, ou qu'un seul travailleur travaillant 12 jours consécutifs »[3]. Afin de clairement faire apparaître qu'il s'agit bien ici de l'actualisation d'une puissance naturelle, c'est le moment que Marx choisit de se référer à Aristote : « ceci provient du fait que, si l'homme n'est pas par nature, comme le pense Aristote, un animal politique, il est en tout cas un animal social ». De sorte que ce sont bien les travaux de ces animaux naturellement sociaux que sont les hommes qui ont la faculté également naturelle de pouvoir se combiner et s'accomplir de façon coopérative : « dans l'action conjuguée et planifiée avec d'autres, le travailleur se défait de ses limites individuelles et développe *les capacités propres à son espèce* »[4]. Le capital se saisit de cette aptitude humaine naturelle à la coopération et de cette puissance des travaux humains combinés, il les « monopolise » et les intègre si totalement à lui-même que « la force productive sociale du travail développée par la coopération apparaît comme force productive du capital, [et que] la coopération elle-même apparaît comme une force spécifique du procès de production capitaliste »[5] – ce qu'elle n'est en vérité absolument pas, puisqu'elle est une

---

1. Ces deux expressions successivement utilisées par Marx et données comme équivalentes montrent bien le caractère *naturel* du phénomène décrit.
2. Donc en une journée de travail de 12 heures.
3. K. Marx, *Le Capital*, livre 1, chap. xi, *op. cit.*, p. 367.
4. *Ibid.*, p. 371 (souligné par nous).
5. *Ibid.*, p. 377.

force naturelle propre au travail humain et une capacité propre aux hommes en tant « qu'espèce ».

Il en va donc de la force naturelle du travail humain combiné et coopératif très exactement comme de la force naturelle de la chute d'eau et de l'élasticité naturelle de la vapeur : de même que « le capitaliste paie la valeur des 100 forces de travail autonomes [1], mais ne paie pas la force de travail combinée des 100 » [2] – la force décuplée grâce à la combinaison étant un effet et une force *naturels* qu'il obtient *en sus*, telle la cerise sur le gâteau – de même le capitaliste « ne paie pas le pouvoir que possède l'eau de changer d'état physique et de devenir vapeur » [3]. Remarquons qu'il en va exactement de même avec la division du travail, objet du chapitre qui, dans le Livre 1, suit immédiatement celui consacré à la coopération : là aussi, le capital parvient à s'approprier et à « monopoliser » à son profit exclusif une force naturelle qu'il ne paie pas, qui ne lui coûte rien. De même en effet que les travailleurs humains possèdent naturellement la compétence à la combinaison de leurs forces individuelles et que des travaux humains combinés produisent naturellement un effet utile bien supérieur à celui produit par la seule somme des travaux individuels, de même des hommes qui travaillent possèdent la capacité naturelle à se répartir les tâches et le travail humain, divisé et réparti en tâches individuelles distinctes mais complémentaires les unes des autres, produit naturellement un effet utile bien plus grand que celui obtenu par un travailleur effectuant seul les différentes opérations. Mais cet effet utile accru et cette productivité du travail augmentée

1. Puisqu'il achète des forces de travail individuelles – dont il obtient un effet collectif *gratuit*.
2. *Ibid*., p. 375.
3. K. Marx, *Le Capital*, livre 3, chap. XXXVIII, *op. cit.*, p. 588.

grâce à la capacité naturelle du travail humain à être combiné et divisé sont purement et simplement captés par le capital : il s'approprie gratuitement les effets de forces dont la mise en œuvre ne lui coûte rien, et il en va des forces immanentes au travail humain très exactement comme de la force de la chute d'eau ou de la force de la vapeur.

Certes, pour obtenir l'effet de la chute d'eau, le capitaliste doit payer le terrain sur lequel cette chute d'eau est située ; de même, pour obtenir la force de la vapeur, il doit payer le charbon qu'il va utiliser pour transformer l'eau en vapeur ; de même il doit payer les forces individuelles de travail dont il va extraire une force collective décuplée et gratuite grâce à la combinaison et à la division des travaux. Dans tous les cas, on a affaire à l'obtention par le capital « d'une augmentation de la productivité naturelle du travail liée à l'emploi d'une force naturelle »[1]. Il peut certes paraître qu'il y a une différence entre la chute d'eau, le charbon et la force humaine de travail : c'est, comme dit Marx, que « le capital par lui-même n'est pas capable de créer la chute d'eau » et « qu'il n'appartient nullement au capital de créer cette condition naturelle d'un accroissement de la productivité du travail, de la façon dont n'importe quel capital peut transformer l'eau en vapeur »[2], ou de la façon dont n'importe quel capital peut rassembler une quantité importante de forces individuelles de travail et les combiner en divisant les tâches entre elles. C'est même cette différence entre la chute d'eau et le charbon qui explique en grande partie (mais pas complètement) que la force de la vapeur ait fini

1. *Ibid.*, p. 590.
2. *Ibid.*

par prendre le dessus sur la force hydraulique : n'importe quel capital peut acheter du charbon, alors qu'il n'y a pas suffisamment de terrains dotés d'une chute d'eau pour tous les capitaux désireux de s'investir dans la filature industrielle du coton. La chute d'eau « ne se rencontre dans la nature qu'à certains endroits et, là où elle n'existe pas, elle ne peut pas être produite par une dépense déterminée de capital »[1], alors que, en revanche, une telle dépense déterminée de capital peut amener du charbon et de la force humaine de travail n'importe où. Il demeure cependant que, si le capital peut amener et transporter du charbon et de la force de travail n'importe où, alors qu'il ne peut engendrer la rivière (tout en pouvant cependant en détourner le cours), il ne peut pas davantage créer le charbon lui-même ou la force de humaine de travail qu'il ne peut faire sourdre le cours d'eau. C'est d'un « travail » millénaire d'accumulation et de transformation effectué par la nature que résulte le charbon dans le sous-sol (c'est ce que Engels appelait « de la chaleur solaire *passée* », dont « le capitalisme est un grand dépenseur »[2]), de même que c'est de l'évolution naturelle des espèces que résulte l'espèce capable non seulement d'un usage des outils, mais d'un usage social de ces outils dans le cadre d'un travail combiné, coopératif et divisé.

Le capital possède donc la capacité de s'approprier des forces sociales et naturelles de travail et de les faire fonctionner à son profit (c'est-à-dire de telle sorte que cela lui permette de s'accroître comme capital, et ainsi de les rendre productives) sans que cela ne lui coûte quoi que ce

1. K. Marx, *Le Capital*, livre 3, chap. XXXVIII, *op. cit.*, p. 590.
2. F. Engels, Lettre à Marx du 19 décembre 1882, dans K. Marx, F. Engels, *Lettres sur les sciences de la nature*, Paris, Éditions sociales, 1973, p. 111.

soit. « On a vu, écrit Marx, que les forces productives issues de la coopération et de la division du travail ne coûtent rien au capital [;] ce sont des forces naturelles du travail social [;] les forces naturelles, comme la vapeur, l'eau, etc. que l'on approprie à des procès productifs, ne coûtent rien non plus. »[1]. La chose est ici très clairement dite par Marx : il s'agit pour le capital de rendre des forces naturelles, humaines et non-humaines, *propres* à la mise en œuvre d'un procès productif, il s'agit pour le capital de rendre ces forces productives *pour lui*. Des forces sont à l'œuvre dans la nature, elles y travaillent, parfois durant des millions d'années quand il s'agit par exemple de l'accumulation d'énergies fossiles dans les entrailles de la terre : le capital s'approprie productivement ce résultat et le dépense en quelques centaines d'années seulement. Mieux encore : quand finissent par être connues les lois en fonction desquelles la nature produit des résultats qui apparaissent socialement comme des effets utiles susceptibles d'accroître encore la productivité, alors « il en va de la science comme des forces de la nature [;] une fois découvertes, les lois physiques qui régissent la déviation de l'aiguille aimantée dans le champ d'action d'un courant électrique[2], ou la production du magnétisme dans le fer autour duquel circule un courant électrique, ne coûtent pas un liard »[3]. Ce que le capital parvient ainsi à rendre productif est toujours le résultat d'une certaine forme de « travail » mettant en œuvre des forces naturelles qui débordent très largement la seule force humaine de travail : n'importe quelle force qui travaille la nature, ou que la nature met

---

1. K. Marx, *Le Capital*, livre 1, chap. XIII, *op. cit.*, p. 433.
2. Il s'agit ici des lois physiques dont l'exploitation permet le fonctionnement de la télégraphie.
3. K. Marx, *Le Capital*, livre 1, chap. XIII, *op. cit.*, p. 434.

au travail en son propre sein, peut être appropriée par le capital, incorporée à lui [1] et rendue productive par lui, ce qui veut dire *pour* lui. Jason W. Moore a en ce sens parfaitement raison d'écrire que :

> Dans cette perspective, la notion de *travail* recouvre un domaine bien plus vaste que la seule participation directe à la production de marchandises. Elle désigne la totalité de l'activité, rémunérée ou non, effectuée par les humains et par l'ensemble de la nature sis à portée du pouvoir capitaliste. *Impayé*, le "travail de la nature" – qui s'accomplit dans les cycles courts de l'agriculture, dans la temporalité intergénérationnelle de l'éducation des enfants, et dans le temps géologique de la formation des combustibles fossiles – constitue le socle sur lequel s'érige le "travail du capital", *rémunéré*, lui. [2]

Une première caractéristique du capital est ainsi sa capacité à rendre productif pour lui l'ensemble le plus vaste possible de forces naturelles, qu'elles soient humaines ou non-humaines, et à en faire les moyens de sa propre

---

1. Voir K. Marx, *Le Capital*, livre 3, chap. XLIV, *op. cit.*, p. 680 : « Des éléments naturels qui interviennent dans la production sans rien coûter, quel que soit le rôle qu'ils y jouent, n'entrent pas dans la production en tant que composantes du capital, mais en tant que force naturelle gratuite du capital, c'est-à-dire comme productivité naturelle et gratuite du travail qui, cependant, dans le système capitaliste de production, se présente, comme toute force productive, sous l'aspect de force productive du capital ». Dans ce passage, la productivité naturelle et gratuite du travail est très clairement étendue au-delà du seul travail humain : elle vaut aussi du travail que des « éléments naturels » (une chute d'eau par exemple) sont susceptibles d'accomplir et que le capital s'approprie gratuitement, transformant une « productivité naturelle » en « force productive » au sens capitalistique du terme, c'est-à-dire au sens d'une force permettant l'accumulation et la valorisation du capital.

2. J. W. Moore, « La nature dans les limites du capital (et *vice versa*) », *Actuel Marx* 61, p. 40.

valorisation. Mais une seconde caractéristique, tout aussi essentielle et importante, est qu'il ne peut faire cela sans *détruire* ces mêmes forces naturelles et leurs résultats ou produits : il ne peut rendre productives pour lui des forces naturelles sans tourner la production en destruction, il ne peut rendre productive la force humaine de travail ou la force naturellement fertile et féconde d'un sol, sans les épuiser à plus ou moins brève échéance l'une aussi bien que l'autre. « La production capitaliste, selon Marx, ne développe la technique et la combinaison du procès social de production qu'en ruinant dans le même temps les sources vives de toute richesse : la terre et le travailleur. »[1]. C'est que le procès capitaliste de production, en tant que procès de valorisation du capital, s'actualise toujours en même temps comme un procès de consommation : il ne rend productives les forces naturelles et sociales qu'en se les appropriant, en les intégrant à lui-même, et il ne se les approprie qu'en les consommant, c'est-à-dire en les détruisant à plus ou moins long terme.

L'ouvrage qu'on va lire aurait atteint son objectif s'il parvenait à avancer des arguments plausibles permettant de dissuader ses lecteurs d'attribuer faussement à l'activité humaine en général, et en particulier au travail des hommes et des sociétés humaines, des effets et des conséquences dont les causes sont à chercher du côté de la forme spécifiquement capitaliste de la production et des rapports sociaux qui en sont inséparables. Le capital a enrôlé les forces naturelles et humaines dans un procès de production qui a sur lui (le capital) un effet d'accroissement et de

---

1. K. Marx, *Le Capital*, livre 1, chap. XIII, *op. cit.*, p. 566-567.

valorisation, mais sur elles des effets de gaspillage et d'épuisement. C'est que, sous le capital, ces forces humaines et non-humaines sont purement et simplement prises à la nature, prélevées sur elle et monopolisées par le capital qui les arrache à la nature sans contrepartie, « gratuitement » dirait Marx. En conséquence, c'est jusqu'à la naturalité même de ces forces, arrachées à la terre, qui finit par ne plus même apparaître, par ne plus être perceptible comme telle : là où la chute d'eau montrait encore de façon relativement évidente le travail de la nature à l'œuvre, qui peut encore voir le travail millénaire accompli par la nature dans une veine de charbon, dans une nappe souterraine de pétrole ou dans une poche de gaz naturel ? Qui peut encore voir une force naturelle dans la force de travail d'un homme de 12 heures, dans « un travailleur [qui] n'est plus que du temps de travail personnifié »[1] ? Dans tous ces cas, la puissance réelle de l'abstraction productive a opéré : elle a capté la naturalité et se l'est assimilée jusqu'à devenir la force du capital lui-même. Qu'on appelle cela *hiatus*, coupure, rupture du métabolisme ou autrement encore, dans tous les cas on désigne la capacité propre au capital d'abstraire de la nature des forces qui « ne lui coûtent pas un liard » et de les rendre productives pour lui, tout en détruisant les bases mêmes de la vie et en mettant le feu à la terre.

Ce que vise et préconise le présent ouvrage vaut de lui-même : il est le fruit d'un travail joyeusement soustrait à l'emprise de la frénésie productive qui s'est désormais emparée de l'université.

Strasbourg, le 12 août 2018

---

1. K. Marx, *Le Capital*, livre 1, chap. VIII, *op. cit.*, p. 271.

CHAPITRE PREMIER

LE TRAVAIL LIBÉRÉ DE LA PRODUCTION

> Être un travailleur productif n'est pas une
> chance, mais au contraire une déveine.
> Karl Marx [1]

On trouve chez Arendt une dévalorisation de l'homme comme *animal laborans*, de l'homme qui travaille et qui peine, au profit de l'*homo faber*, de l'homme producteur et fabricant d'œuvres. Dire la chose de cette manière est certainement trop expéditif, et il vaudrait sans doute mieux dire que, selon Arendt, la modernité est l'époque marquée par une réduction tendancielle de l'*homo faber* à l'*animal laborans* et, plus généralement, l'époque d'une inversion de la hiérarchie, au sein de la *vita activa*, entre d'une part l'action et l'activité productive d'œuvres et de choses utiles propres à l'*homo faber*, et d'autre part le travail et la consommation des produits du travail : l'agir (*Action*) et la production d'œuvres [2] (*Work*) sont dévalorisés au profit du travail, du labeur (*Labor*), et du processus indéfini de la production pour la consommation et/ou pour

---

1. K. Marx, *Le Capital*, livre 1, chap. XIV, trad. fr. J.-P. Lefebvre, Paris, P.U.F., 1993, p. 570.
2. C'est-à-dire *das Werk* en allemand, d'où l'anglais *Work* tire son origine.

l'accumulation. En d'autres termes, il s'agit à la fois d'une perte de la liberté et d'une perte du monde : l'action se définissant comme l'acte libre de commencer quelque chose d'irréductiblement nouveau, c'est la liberté humaine qui s'estompe déjà dans la production d'œuvres (*Work*) en tant qu'elle est une activité à la fois contrainte par la matière et soumise au principe d'utilité. Première réduction ou restriction aussitôt suivie d'une seconde : la production engendrant des objets et des œuvres qui forment un monde humain, c'est le monde humain qui s'éteint dans le travail (en même temps que la liberté s'y dissout complètement) qui n'engendre plus rien de stable ni de permanent, mais seulement des choses destinées à être consommées, détruites et indéfiniment re-produites. La modernité commence comme l'époque du triomphe du producteur, de l'*homo faber*, mais elle s'accomplit avec sa défaite devant l'*animal laborans*[1] : époque du devenir-travail de la production (*poièsis*), elle est aussi celle de la soumission de la vie humaine au processus infini de la production pour la consommation.

Cette distinction qu'elle proposait de faire entre le travail (*Labor*) et la production d'œuvres (*Work*), cette extinction de la seconde dans le processus infini de la production pour la consommation supposait évidemment, de la part de Arendt, une explication avec Marx, à l'égard duquel elle reconnaît une immense dette. En même temps, elle soulignait le caractère équivoque, selon elle, de la position de Marx relativement au travail. Voici ce qu'elle écrit à ce sujet dans *Condition de l'homme moderne* :

L'attitude de Marx à l'égard du travail, c'est-à-dire à

---

1. H. Arendt, *Condition de l'homme moderne*, trad. fr. G. Fradier, Paris, Press Pocket, 1994, p. 380-385.

l'égard de l'objet central de sa réflexion, a toujours été
équivoque. Alors que le travail est une "nécessité éternelle
imposée par la nature", la plus humaine et la plus
productive des activités, la révolution selon Marx n'a
pas pour tâche d'émanciper les classes laborieuses, mais
d'émanciper l'homme, de le délivrer du travail ; il faudra
que le travail soit aboli pour que "le domaine de la
liberté" supplante "le domaine de la nécessité". [...] Des
contradictions aussi fondamentales, aussi flagrantes sont
rares chez les écrivains médiocres ; sous la plume des
grands auteurs, elles conduisent au centre même de
l'œuvre [1].

Marx se serait en effet contredit s'il avait soutenu ces
deux positions au sein d'une seule et même argumentation.
Or ce n'est à mon avis pas le cas, et Arendt ne voit ici de
contradiction que parce qu'elle assimile l'une à l'autre les
positions que j'appellerai ici « Marx 1 » et « Marx 2 » :
elle ne fait pas de distinction entre Marx 1, le Marx qui
pense dans le cadre du paradigme de la production ou de
l'activité productive (le Marx des *Manuscrits de 44* et de
L'idéologie allemande), et Marx 2, celui qui, à partir du
début des années 60, rompt avec ce paradigme productif
et passe au paradigme du travail (c'est-à-dire le Marx des
Théories sur la plus-value et du *Capital*).

Dans *Condition de l'homme moderne*, Arendt propose
une critique du travail qui est très largement aussi une
critique de Marx. Le fond de sa critique consiste à dire
que l'idéal marxien – même animé des meilleures intentions
– d'une société libérée du travail, grâce au progrès du
machinisme et de l'automation, est en réalité l'idéal d'une
société absolument productive soumise au cycle indéfini

1. H. Arendt, *Condition de l'homme moderne, op. cit.*, p. 150-151.

de la production et de la consommation, et à l'impératif
de produire toujours plus pour maximiser les chances de
bonheur. Le paradoxe est qu'il n'aura pas été nécessaire
de passer au socialisme pour réaliser cet idéal et que le
capitalisme s'en est lui-même fort bien chargé : cette société
intégralement soumise à la contrainte d'une production et
d'une consommation infinies est très exactement la société
dans laquelle nous nous trouvons.

On peut dire que cet idéal – devenu réel depuis – d'une
société prise dans le processus indéfini de la production,
d'une société infiniment ou intégralement productive a
bien été celui de Marx à l'époque de *L'idéologie allemande*,
à cette différence près (et cette différence est évidemment
très loin d'être négligeable) que, pour lui, cet idéal d'une
société intégralement productive n'était pas celui d'une
société *aveuglement* productive, et encore moins celui
d'une société destructrice des conditions et des résultats
de la production : au contraire, il envisageait une société
qui aurait la maîtrise consciente de ses propres processus
productifs, qui les orienterait par exemple de préférence
dans telle direction, vers la satisfaction de tels besoins,
plutôt que vers celle de tels autres. Arendt n'a pas tort de
dire que la société aveuglement productive est la nôtre,
mais s'agissant de la société *consciemment* productive que
Marx envisageait, on est très loin du compte. Il y a deux
manières bien différentes et même opposées pour une
société d'être intégralement productive : aveuglement ou
consciemment, et on peut sans doute reprocher à Arendt
de ne pas faire la distinction entre les deux.

Arendt attribue à Marx ce modèle d'une société
intégralement productive en faisant comme s'il l'avait
défendu *du début à la fin*. Or cela est inexact et nous verrons
que ce modèle ou cet idéal n'est plus celui du Marx de la

période du *Capital*. Il s'est produit dans la pensée de Marx une rupture qu'Arendt semble ne pas avoir vue : du modèle d'*une société intégralement productive*, Marx est passé au modèle d'*une société libérée de la production* dans laquelle le travail serait délivré de l'impératif productif, s'identifierait à une activité visée pour elle-même, satisfaisante en et par elle-même, et deviendrait « le premier besoin vital »[1] – ce qui n'est possible que dans « une société de forme coopérative »[2] au sein de laquelle le travail aurait une portée et une réalité *immédiatement* sociale, sans la médiation de l'échange marchand des produits du travail. À la suite des économistes classiques, et notamment de Smith, Marx a compris que le caractère productif du travail n'a rien de naturel, il a rompu avec l'idée qui était encore la sienne à l'époque des *Manuscrits de 1844*, selon laquelle la productivité du travail humain pouvait être comprise comme une continuation de la productivité de la nature elle-même : il a donc posé que le travail humain n'est *rendu productif* que *socialement*, et il s'est dès lors posé la question de savoir quels sont, dans des formations sociales dans lesquelles règne le mode de production capitaliste, les mécanismes sociaux qui rendent le travail productif. Il reste bien, nous y reviendrons, quelque chose de naturel dans le travail en tant qu'il est une activité qui mobilise le corps humain, qui met en jeu et qui dépense des forces musculaires et cérébrales : tout cela demeure, bien sûr, mais la question devient celle de savoir comment on rend socialement productive cette dépense de force musculaire et cérébrale. Or ce devenir productif du travail sous le capitalisme est un mécanisme tout à fait spécifique.

---

1. K. Marx, *Critique du programme de Gotha*, trad. fr. S. Dayan-Herzbrun, Paris, Éditions sociales, série GEME, 2008, p. 60.

2. *Ibid.*, p. 57.

MARX CONTRE ARENDT : LA PRODUCTIVITÉ
N'EST PAS LA FÉCONDITÉ

Arendt, contrairement à Marx, interprète des catégories telles que celles de « productivité » ou de « plus-value » dans le cadre d'un paradigme philosophique de type naturaliste, et plus précisément vitaliste qui n'est plus celui de Marx au moment où il élabore les concepts de « capacité de travail » (*Arbeitsvermögen*) puis de « force de travail » (*Arbeitskraft*), mais aussi les concepts de « surtravail » (*Mehrarbeit*) et de « survaleur » (*Mehrwert*).

Penchons-nous sur quelques passages significatifs à cet égard de *Condition de l'homme moderne* ; j'en retiens trois, tous empruntés au chapitre consacré au travail.

> 1. Le véritable sens de la productivité du travail n'apparaît que dans l'œuvre de Marx, où il repose sur *l'équivalence de la productivité et de la fertilité*, de sorte que le fameux développement des "forces productives" de l'humanité n'obéit en fait à d'autre loi, n'est soumis à d'autre nécessité qu'au commandement primordial "Croissez et multipliez", dans lequel résonne la voix de la nature elle-même (nous soulignons) [1].

> 2. [Arendt parle du moment où] Marx élabora *la théorie de la force de travail de l'organisme* en se représentant la plus-value comme la quantité de force de travail subsistant lorsque le travailleur a produit ses moyens de reproduction. [Dans la même page, elle écrit que] la fécondité du métabolisme humain dans la nature provient de la *surabondance naturelle de la force de travail* (nous soulignons) [2].

> 3. La force de la vie est *la fécondité*. L'être vivant n'est

1. H. Arendt, *Condition de l'homme moderne*, *op. cit.*, p. 153.
2. *Ibid.*

pas épuisé lorsqu'il a pourvu à sa propre reproduction et sa "plus-value" réside dans sa multiplication potentielle. Le naturalisme cohérent de Marx découvrit *la "force de travail" comme mode spécifiquement humain de la force vitale aussi capable que la nature de créer une plus-value, un sur-produit.* [...] Quand tout est devenu objet de consommation, le fait que la plus-value du travail ne change pas la nature, la "courte durée" des produits eux-mêmes perd toute importance : on le voit assez chez Marx dans le mépris avec lequel il traite les laborieuses distinctions de ces prédécesseurs *entre travail productif et travail improductif,* [...] distinctions qui équivalent essentiellement à la distinction plus fondamentale *entre œuvre et travail* (nous soulignons)[1].

Commençons par cette ultime citation pour remonter ensuite aux autres passages donnés en exemple. Prétendre, comme Arendt le fait ici, que Marx a traité avec « mépris » la distinction entre travail productif et travail improductif est franchement inexact : pour affirmer une telle chose, il faut ignorer les très nombreuses pages que Marx a consacrées à cette distinction non seulement dans le Livre 1 du *Capital*, mais déjà aussi dans les manuscrits antérieurs (dans les *Grundrisse* de 1857-58, dans les *Théories sur la plus-value* de 1861-63 ou dans le chapitre dit « inédit » du *Capital* ou *Chapitre VI* dont la rédaction se situe vers 1864). Arendt est à la rigueur excusable s'agissant des *Grundrisse* dont la publication en 1953 est antérieure de 5 ans seulement à celle de *Condition de l'homme moderne* (1958), elle l'est à la rigueur aussi pour le *Chapitre VI*, dont la première publication en allemand et en traduction russe a eu lieu à Moscou en 1933 dans une livraison des *Archives Marx et Engels* (tome 2, n°8) de l'Institut Marx-Engels-Lénine ;

1. *Ibid.*, p. 155.

mais elle ne peut être excusée aussi facilement s'agissant des développements consacrés à la distinction entre travail productif et travail improductif que l'on trouve dans le Livre 1 du *Capital*, notamment aux chapitres XIV et XV, ainsi qu'au chapitre XXII.

Pour en rester toujours à la dernière citation donnée, on voit que la distinction entre travail productif et travail improductif est assimilée par Arendt à sa propre distinction entre travail et œuvre : le travail productif est celui qui engendre des œuvres, des choses ou des objets qui subsistent dans le monde et qui y sont des objets d'usage, par opposition aux objets de consommation qui sont des objets à courte durée de vie, puisqu'ils sont destinés à être détruits par la consommation et aussitôt remplacés par des objets identiques ou équivalents. Arendt distingue donc entre travail productif et travail improductif en fonction du *type d'objets* engendrés : soit l'objet est durable et il relève du travail productif, c'est-à-dire de la production d'une œuvre, soit l'objet n'est pas durable, il est destiné à être anéanti par la consommation et remplacé par un autre, et il relève du travail improductif, c'est-à-dire en réalité – selon Arendt – du travail tout court. Ainsi donc ce que Arendt appelle « travail » n'est en définitive rien de productif, tandis qu'elle entend par production l'engendrement d'œuvres, c'est-à-dire de choses ou d'objets dont la subsistance dans l'espace et le temps est constitutive d'un monde humain.

Or, chez Marx, la distinction entre travail productif et travail improductif ne se fait précisément pas en fonction du type *d'objets* produits, mais en fonction d'un critère qui est externe aussi bien relativement à l'activité de travail, au type d'activité de travail que relativement à ses produits : ce critère permettant de faire le départ entre travail productif et travail non-productif n'est pas identifiable en dehors de l'inscription du travail au sein d'un rapport social déterminé, et il est pour nous inséparable de l'inscription du travail au sein de ce rapport social qui a pour nom « le capital ». Ce sont à chaque fois des conditions sociales très précises et tout à fait déterminées qui rendent le travail productif au sein d'un mode de production donné, en l'occurrence dans le mode de production capitaliste. D'où la définition que donne Marx du travailleur productif et du travail productif dans le « Chapitre inédit » du *Capital* : « est productif le travailleur qui fournit du travail productif, et est productif le travail qui crée immédiatement de la survaleur, c'est-à-dire qui valorise le capital »[1]. Mais il n'existe pas de travail qui puisse valoriser du capital indépendamment d'un rapport social tout à fait déterminé, ce que Marx précise aussitôt : l'expression « *travail productif* n'est qu'une manière abrégée d'exprimer en leur ensemble le rapport et les modalités sous lesquelles figurent la capacité de travail et le travail dans le procès de production capitaliste [;] si donc nous parlons de *travail productif*, nous disons *travail socialement déterminé*, travail incluant un rapport tout à fait déterminé entre le vendeur et l'acheteur de travail »[2]. Ce rapport social historiquement tout à fait particulier est ce qui détermine la forme du travail qui, en son sein, pourra être socialement considéré comme productif :

> Le travail productif est donc celui qui ne reproduit pour le travailleur que la valeur prédéterminée de sa capacité de travail en contrepartie de quoi, par son activité créatrice

1. K. Marx, *Le Chapitre VI. Manuscrits de 1863-1867 – Le Capital, Livre 1*, trad. fr. G. Cornillet, L. Prost et L. Sève, Paris, Éditions sociales, série GEME, 2010, p. 212.
2. *Ibid.*, p. 219.

> de valeur, il valorise le capital, *oppose* au travailleur en
> tant que *capital* les valeurs même qu'il a créées [;] le
> rapport spécifique entre le travail *objectalisé* et le travail
> *vivant* est que le premier en tant que capital fait du dernier
> du *travail productif*[1].

Où l'on voit que le travail vivant ne peut en aucun cas
être considéré comme naturellement productif précisément
parce qu'il est vivant : le penser, c'est croire que la valeur
d'usage du travail productif pour le capital possèderait un
quelconque rapport avec « son caractère utile déterminé »
ou avec « les propriétés utiles particulières du produit où
il s'objectalise », alors que la valeur d'usage du travail
productif pour le capital ne tient qu'à « son caractère
d'élément créateur de valeur d'échange » et de survaleur[2].

Ce qui permet de remonter vers les autres passages
cités de *Condition de l'homme moderne*. Ces passages ont
pour caractéristique d'attribuer à Marx un vitalisme
philosophique (qui fait de lui, selon Arendt, un annonciateur
des philosophies de la vie de Nietzsche, de Dilthey et de
Bergson) au centre duquel se trouvent, selon Arendt, les
notions de « force de travail » et de « plus-value ». La
proposition de Arendt la plus représentative de ce vitalisme
qu'elle attribue à Marx est certainement la suivante : « la
"force de travail" comme mode spécifiquement humain
de la force vitale aussi capable que la nature de créer une
plus-value, un sur-produit ». On ne peut plus clairement
établir un lien entre la force de travail et la fécondité de la
nature, dont la force humaine de travail ne serait au fond
rien d'autre qu'une expression : la fécondité de la force

---

1. K. Marx, *Le Chapitre VI. Manuscrits de 1863-1867 – Le Capital,
Livre 1, op. cit.*
    2. *Ibid.*

de travail serait telle qu'elle serait capable d'un surplus (que Arendt appelle la « plus-value ») qui déborde toujours l'engendrement de ce qui est nécessaire à sa propre et simple reproduction. La plus-value est pour elle synonyme de ce qu'elle appelle aussi « la surabondance naturelle de la force de travail ». Il y aurait donc quelque chose comme une « fertilité » propre à la force humaine de travail qui serait telle que cette force de travail engendrerait toujours d'elle-même un *plus*, un surplus par rapport à ce que requiert sa simple reproduction à l'identique.

Arendt a certes raison de souligner l'élément naturel de la force de travail et Marx ne l'a jamais occulté : la force de travail est bien toujours celle d'un corps vivant, elle est la force physique, musculaire, nerveuse et cérébrale qu'un corps humain contient en lui-même et qu'il est capable de mobiliser activement dans l'accomplissement d'une activité de travail. Marx le dit explicitement : « la force de travail existe uniquement comme une disposition de l'individu vivant [...]; sa mise en œuvre, le travail, occasionne la dépense d'un quantum déterminé de muscles, de nerfs, de cerveau humains, etc., qu'il faut à nouveau remplacer »[1]. Mais, par ailleurs, il n'y a qu'un seul type de société qui transforme en *marchandise* la force humaine de travail en tant qu'ensemble des forces d'un corps vivant susceptibles d'être mobilisées dans une activité de travail. Si la force humaine de travail existe et a existé dans toutes les sociétés humaines, il n'y a cependant que dans les sociétés de type capitaliste que la force de travail fait l'objet d'une vente par contrat, il n'y a qu'en elles que la force de travail est vendue contre une somme d'argent qui est

---

1. K. Marx, *Le Capital*, livre 1, chap. IV, trad. fr. J.-P. Lefebvre, Paris, P.U.F., 1993, p. 192.

l'équivalent de la valeur des marchandises nécessaires à la reproduction de la force de travail, à la restitution des forces physiques et mentales qui ont été dépensées dans le procès de travail. Il n'y a aussi que les sociétés de ce type qui aient inventé l'idée d'une force de travail nécessaire en moyenne et qui paient l'heure de travail en fonction de ce que la force de travail moyenne produit en une heure de temps : ce qui revient à faire abstraction de ce que tel ou tel individu est capable de faire compte tenu des forces plus ou moins développées de son corps et des compétences plus ou moins formées de son intellect, et donc à faire abstraction de la force physique et mentale de tel individu, pour ne tenir compte que de ce que les individus d'une société donnée, à un moment donné de son développement, sont capables de faire en moyenne et en général. C'est la catégorie du « travail abstrait », qui correspond certes à une certaine quantité d'énergie physique ou corporelle et psychique, mais comprise comme une moyenne sociale, et donc saisie ou définie abstraction faite de toutes les différences ou variations individuelles.

Sur tous ces points, on voit que l'intérêt de Marx se porte sur le rapport *social* spécifique au sein duquel est inscrite la force de travail et qui a pour effet de la transformer en marchandise, en quelque chose dont on estime la valeur en la réduisant à une moyenne sociale, ce qui se fait par abstraction des différences naturelles et physiques entre les individus, c'est-à-dire en mettant de côté et en faisant abstraction du fait qu'on a affaire à des corps vivants différemment constitués et dotés de façon variable en forces physique et psychique.

La force de travail ainsi considérée n'a déjà plus grand'chose de naturel, mais c'est encore plus vrai de la

plus-value, que Arendt rapporte pourtant à une « fécondité »
ou à une « fertilité » propre à la force de travail en tant
que force *vitale*. Si l'on peut dire que la force de travail,
comme réalité physique et naturelle, existait avant le
capitalisme (cependant pas comme marchandise, pas
comme valeur d'échange, mais seulement comme valeur
d'usage), en revanche cela n'a définitivement pas de sens
de dire que la plus-value (ou la survaleur) existe pour ainsi
dire naturellement, résultat d'une sorte de vertu propre à
la force de travail, comme un surplus de puissance et de
vitalité que la force de travail engendrerait naturellement
et spontanément. Au contraire, la survaleur, comme la
valeur, n'a de réalité que sociale : la survaleur est même
plus que seulement sociale en général, elle est spécifiquement
capitaliste, elle est une nouveauté spécifiquement capitaliste,
et elle est même ce sans quoi le mode de production de
type capitaliste n'existerait tout simplement pas.

L'existence de la survaleur présuppose que le procès
de travail soit devenu inséparable du procès de valorisation
du capital, qu'il en soit devenu un élément proprement
constitutif. Avec la force de travail comme marchandise,
on se situe avant le procès de travail, avant la mise en
œuvre de la force de travail comme travail vivant dans un
procès de travail effectif : on en est au moment de la vente
et de l'achat, c'est-à-dire au moment où la force de travail
apparaît comme porteuse d'une valeur d'échange. Avec la
survaleur, on entre dans le procès de travail en tant que
procès productif et donc dans la manière dont ce procès
de travail se réalise de façon tout à fait spécifique dans les
conditions du mode de production capitaliste. En ce sens,
le surtravail est quelque chose d'absolument non naturel
qui n'a rien à voir, contrairement à ce que pense Arendt,
avec le fait que la force de travail ne pourrait pas s'empêcher

de produire plus de travail qu'on ne lui en demande, en raison de la fécondité qui lui serait inhérente. Au contraire, pour produire du surtravail, il faut que la force de travail soit engagée dans un rapport social très particulier qui est en définitive un rapport de domination. La force de travail ne produit jamais de surtravail spontanément, au contraire : elle ne peut en produire qu'en étant forcée et contrainte de le faire. Le surtravail n'est jamais une quantité de travail supplémentaire qui serait spontanément engendrée par la fécondité *naturelle* de la force de travail : c'est une quantité de travail supplémentaire obtenue par la *contrainte*, c'est du travail *forcé* et accaparé *gratuitement* par le capital.

Et c'est alors qu'on rejoint la question du caractère productif du travail : de l'achat-vente de la force de travail jusqu'à la contrainte au surtravail et à l'extraction de survaleur (absolue et relative) grâce à la subsomption (formelle et réelle) du travail sous le capital, tout cela définit l'ensemble des conditions qui permettent de rendre le travail productif. Ce sont à chaque fois des conditions *sociales* très précises et très particulières qui rendent le travail productif au sein d'un mode de production déterminé, en l'occurrence dans le mode de production capitaliste. Ainsi donc, bien que la force de travail possède à chaque fois dans les forces physiques et mentales d'un corps humain sa base naturelle, de même que la marchandise possède un corps matériel, pour autant, la productivité de la force de travail est tout aussi peu naturelle et matérielle que la valeur de la marchandise : l'une comme l'autre n'ont de sens et de réalité que sociaux.

LIBÉRATION *DANS* LE TRAVAIL *VERSUS*

LIBÉRATION *DU* TRAVAIL

Que le travail soit « une nécessité éternelle imposée par la nature »[1] est une position du Marx du *Capital* qu'on serait bien en peine de trouver dans *L'idéologie allemande*. Dans *Le Capital*, Marx pense en effet, comme le dit Arendt, que la tâche de la révolution est l'émancipation des classes laborieuses, et plus exactement l'auto-émancipation des classes laborieuses : c'est-à-dire que la tâche est que les classes laborieuses, la classe des travailleurs ou la classe ouvrière libère son activité de travail de son enrôlement par le processus capitaliste de valorisation indéfinie de la valeur, et donc qu'elle se libère *dans* le travail, et non pas qu'elle se libère *du* travail[2]. Il n'est pas question dans *Le Capital* de cesser de travailler ou d'abolir le travail, mais de travailler autrement (en l'occurrence : librement) et, pour cela, de transformer la société afin que la force de travail ne soit plus la marchandise permettant l'extraction de la survaleur, et que les travailleurs ne soient donc plus sous la domination des propriétaires de capital.

En revanche, la position selon laquelle ce n'est pas la classe ouvrière qu'il faut émanciper, mais l'homme lui-même ou, plus exactement, la position selon laquelle

---

1. La formule exacte est que le travail est « la condition naturelle éternelle de la vie des hommes » et que, à ce titre, il est « commun à toutes les formes sociales » (K. Marx, *Le Capital*, livre 1, chap. v, *op. cit.*, p. 207).

2. Selon la distinction faite par André Gorz entre ce qui a été la constante revendication du mouvement ouvrier (savoir : d'abord se libérer *dans* le travail pour plus tard, éventuellement, se libérer aussi *du* travail) et ce qu'il pense être la nouvelle revendication (ou « l'utopie concrète ») désormais à l'ordre du jour (se libérer du travail pour permettre aussi une libération dans le travail) : voir A. Gorz, *Métamorphoses du travail. Critique de la raison économique* (1988), Paris, Folio-Gallimard, 2004, p. 102, p. 166-167.

l'émancipation de la classe ouvrière est identique à l'émancipation de *tous* les hommes parce que la première est « la représentante de toute la société », et l'idée que cela suppose de délivrer les hommes du travail, et donc de supprimer la division sociale du travail, voire le travail lui-même, sont des positions et des idées propres à Marx 1, qu'il exprime en particulier dans *L'idéologie allemande*. Dans ce cas en effet, il s'agit que les producteurs s'approprient l'ensemble des conditions sociales de la production et qu'ils libèrent la production sociale de la forme-travail en tant qu'elle impose à la société la division du travail et conséquemment la division en classes.

Il ne pouvait plus être question de cela dans *Le Capital* dès lors que le problème n'y est plus que la productivité humaine prenne la forme aliénante du travail mais, à l'inverse, que le travail soit soumis au processus productif d'engendrement et de valorisation de la valeur. Dans le premier cas, il faut libérer la production de la forme-travail et, en un sens qui reste assez difficile à saisir, abolir la forme-travail elle-même. Dans le second cas, il faut libérer le travail de la forme productive, le libérer de son enrôlement par la productivité capitaliste : ce sont deux projets tout à fait différents dont les conséquences politiques sont elles aussi extrêmement différentes. Dans le premier cas, Marx se place au point de vue de *l'homme* et de son activité générique, comprise comme activité productive et qu'il projette de libérer de la forme aliénée qu'elle a prise dans le travail. Dans le second cas, il se place résolument au point de vue des *travailleurs*, des hommes qui sont réellement au travail, il écrit une « économie politique du travail » contre « l'économie politique du capital », et, politiquement, il projette de libérer l'activité de ceux qui travaillent de la forme de production qui leur est imposée, qui les domine et qu'ils subissent.

Cela apparaît clairement dans la *Critique du programme de Gotha*, dans le passage où Marx oppose l'une à l'autre une formulation du Préambule des statuts de l'Internationale et une formulation des auteurs du programme de Gotha. Là où les statuts de l'Internationale disent que « l'émancipation de la classe ouvrière doit être l'œuvre des travailleurs eux-mêmes », le programme prétend dire les choses « en mieux » (formule ironique de Marx) et il pose que « l'émancipation du travail doit être l'œuvre de la classe ouvrière » [1]. Parler de l'émancipation de la classe ouvrière a un sens puisque cela signifie que la classe des travailleurs se libère de rapports sociaux qui font d'elle une classe dominée. En revanche, l'expression « émancipation du travail » reste parfaitement mystérieuse, qu'on l'entende au sens d'un génitif subjectif ou au sens d'un génitif objectif. Dans ce dernier cas, cela voudrait dire qu'il s'agit que les travailleurs se libèrent du travail et donc qu'ils fassent autre chose que du travail, mais quoi ? Dans le premier cas, c'est le travail lui-même qui devrait être émancipé, mais alors, comme dit Marx : « comprenne qui pourra ». On ne peut en effet libérer ou émanciper une abstraction : il faut des sujets concrets à une émancipation et ceux qui travaillent peuvent en effet aspirer à se libérer de la domination qu'ils subissent *dans* le travail, mais c'est eux-mêmes qu'ils émanciperont, et non pas cette abstraction qu'est « le travail ». « "Le" travail, écrit Marx dans le Livre 3 du *Capital*, n'est qu'une abstraction et, en soi, n'existe pas du tout » : comme tel, « il est un simple

1. K. Marx, *Critique du programme de Gotha* [1875], trad. fr. S. Dayan-Herzbrun, Paris, Éditions sociales, série GEME, 2008, p. 62.

fantôme »[1]. On peut à la rigueur parler de libérer le travail de ce qui l'oppresse ou le domine, mais, dans les faits, cela revient à ce que *ceux qui travaillent* se libèrent de cette oppression ou de cette domination. Et c'est bien de cela qu'il s'agit pour le Marx de 1875 : que les travailleurs se libèrent de leur soumission au régime de la production capitaliste et, par là, libèrent la société des rapports sociaux de domination, et qu'ils le fassent en tant que travailleurs, *dans* le travail et depuis le lieu même de la production.

MARX 1 ET MARX 2

Qu'il soit nécessaire de distinguer entre deux Marx est une proposition dont on ne fera pas ici l'historique, tant cela serait long et fastidieux. Mais s'il y a un aspect de la pensée de Marx qui justifie une telle distinction, c'est certainement la question du travail. Nous trouvons par exemple récemment sous la plume de Thomas Coutrot une proposition de distinction entre un « Marx n°1, celui de la liberté du travail » et un « Marx n°2, progressiste et productiviste »[2]. « Marx n°1 » est ici illustré par des passages empruntés notamment à la *Critique du programme de Gotha* où Marx invite à éliminer « l'asservissante subordination des individus à la division du travail et, par suite, l'opposition entre travail intellectuel et travail corporel », ce qui permettra que « le travail devienne non seulement le moyen de vivre, mais encore le premier besoin

1. K. Marx, *Le Capital*, livre 3, chap. XLVIII, trad. fr. C. Cohen-Solal et G. Badia, Paris, Éditions sociales, 1977, p. 738.
2. Th. Coutrot, *Libérer le travail. Pourquoi la gauche s'en moque et pourquoi ça doit changer*, Paris, Seuil, 2018, p. 98-100.

de la vie » [1]. D'autres passages sont cités à l'appui de cette position qui serait donc celle de Marx n°1, notamment un passage des *Grundrisse* où il est question d'un travail qui permettrait « une affirmation de liberté, la réalisation de soi, l'objectivation du sujet, donc sa liberté concrète qui s'actualise précisément dans le travail » [2]. Ce sont là des textes qui vont dans le sens de l'idée d'un travail libéré ou d'un travail émancipé qui deviendrait le lieu même de la mise en œuvre et de l'expérience de la liberté. Mais à ces textes s'opposent ceux représentatifs de la position de Marx n°2, d'où ce que Thomas Coutrot appelle les « ambivalences de Marx sur le travail », là où Arendt parlait quant à elle d'équivocité et de contradiction.

Selon Marx n°2, tel que Thomas Coutrot le comprend, « même débarrassé de l'emprise du capital, le travail ne pourra jamais être véritablement libre puisque sa finalité lui est imposée par les nécessités naturelles de la survie humaine, l'empire de la nécessité », de sorte que, « la vraie vie commençant au-delà du travail, l'émancipation passe donc en priorité par la réduction du temps de travail ». Et Thomas Coutrot de citer à l'appui le fameux passage du livre 3 du *Capital* où Marx pose que « la réduction du temps de travail est la condition fondamentale de [la] libération » [3]. D'où le fait que ce Marx n°2 soit qualifié de « progressiste et productiviste » : pour réduire le temps de travail, Marx n°2 s'en remettrait en effet au progrès technique tel qu'orchestré par le capitalisme lui-même, en particulier sous la forme du développement de la

1. K. Marx, *Critique du programme de Gotha*, *op. cit.*, p. 60.
2. K. Marx, *Manuscrits de 1857-1858 (« Grundrisse »)*, trad. fr. J.-P. Lefebvre (dir.), Paris, Éditions sociales, 1980, t. 2, p. 101.
3. K. Marx, *Le Capital*, livre 3, chap. XLVIII, *op. cit.*, p. 742.

« machinerie » qui libère du temps pour les hommes, à mesure qu'il transfère du travail humain aux machines.

Si Marx 1 et Marx 2 devaient être distingués à la manière dont Thomas Coutrot le propose ici, alors on serait contraint d'admettre qu'il y a non seulement, selon son expression, des « ambivalences de Marx sur le travail »[1], mais même des contradictions, comme le pensait Arendt. Ce constat serait inévitable puisque Thomas Coutrot s'appuie sur des textes de Marx qui appartiennent tous à la période de pleine maturité de sa pensée, des *Grundrisse* au Livre 3 du *Capital* et à la *Critique du programme de Gotha*. Le problème vient de l'attribution au Marx de la maturité d'une position productiviste qui n'est en réalité plus la sienne. C'est Marx 1 qui est productiviste, le Marx de *L'idéologie allemande*, et non pas le Marx du Livre 3 du *Capital*, ni celui de la *Critique du programme de Gotha*. Le Marx tardif partisan de la réduction du temps de travail est au contraire celui qui cherche à libérer le travail de l'emprise de la production capitaliste, de sorte que, à l'inverse de ce que propose Thomas Coutrot, c'est bien plutôt Marx 2 qui est partisan de « libérer le travail », si on entend par là le fait d'aller vers des formes de travail qui soient synonymes de davantage de liberté effective et concrète pour ceux qui travaillent.

Il est tout de même paradoxal de faire du Marx du *Capital* un penseur qui s'en serait remis au développement de la machinerie, tel qu'orchestré par le capitalisme lui-même, pour aller à la fois vers moins de travail et vers un meilleur travail. Le chapitre XIII du Livre 1 du *Capital* dit exactement le contraire : Marx y explique le mécanisme en vertu duquel le développement de la machinerie a pour

---

1. T. Coutrot, *Libérer le travail*, *op. cit.*, p. 98.

conséquence, sous le capitalisme, l'intensification de l'exploitation de la force humaine de travail. En effet, l'emploi des machines « convertit une partie du capital, qui était autrefois variable, c'est-à-dire qui se transformait en force de travail vivante, en machinerie, donc en capital constant qui ne produit aucune survaleur » [1]. De sorte que, pour maintenir la production de survaleur, et davantage encore pour l'accroître, dans des conditions nouvelles qui font que, grâce aux machines, il y a moins d'ouvriers exploités, la seule et unique solution est d'accroître l'exploitation des ouvriers qui restent : et c'est ainsi que la machinerie pousse le capital « prolonger la journée de travail avec la pire des violences, de façon à compenser la diminution du nombre proportionnel d'ouvriers exploités en augmentant non seulement le surtravail relatif, mais aussi le surtravail absolu » [2]. Le Marx du *Capital* est ainsi celui qui explique que, non seulement le développement de la machinerie sous le capitalisme ne produit aucun effet libérateur sur les travailleurs, mais qu'il accentue au contraire leur exploitation, soulignant « ce phénomène remarquable dans l'histoire de l'industrie moderne », à savoir que « c'est la machinerie qui fiche en l'air toutes les limites morales et naturelles de la journée de travail » [3]. En d'autres termes, la machinerie en elle-même ne peut produire aucun effet libérateur aussi longtemps que persistent les rapports capitalistes de production : il faudrait être sorti de ces rapports pour que la machinerie puisse produire un effet émancipateur.

---

1. K. Marx, *Le Capital*, livre 1, chap. XIII, *op. cit.*, p. 457.
2. *Ibid.*
3. *Ibid.*, p. 458.

Ainsi, contrairement à ce qu'affirme Thomas Coutrot, le travail « premier besoin de la vie » de la *Critique du programme de Gotha* ne s'oppose pas au « règne de la liberté » du Livre 3 du *Capital*, au travail qui cesse d'être « dicté par la nécessité et les fins extérieures » et qui, « par sa nature même, se situe au-delà de la sphère de la production matérielle proprement dite »[1] : ce travail peut être dit libre parce qu'il est un travail *autonome*, c'est le travail qui s'auto-organise[2], qui s'émancipe de la contrainte (nécessitante tant naturellement que socialement) que lui imposent des fins qui lui restent extérieures, et qui donc se fixe à lui-même ses propres fins. En un mot, c'est précisément le travail libéré de la production capitaliste.

Marx ne dit pas que le « règne de la liberté » commence au-delà du travail, mais qu'il commence au-delà du travail « dicté par la nécessité et les fins extérieures » : c'est donc qu'une forme de liberté commence avec le travail dès lors qu'il est organisé sur ses propres bases et se fixe à lui-même ses propres fins, au lieu qu'elles lui soient imposées par la nécessité naturelle et par les impératifs d'une « production matérielle » qui restent externes au travail et qui le contraignent de l'extérieur. Il y a une production matérielle à assurer en toute société, y compris dans la société post-capitaliste : une part du travail sera donc toujours non libre au sens où elle restera un moyen, y compris dans cette société, parce qu'une part du travail sera toujours accomplie sous la contrainte des besoins à satisfaire, et donc par nécessité. Au-delà de cette part de travail imposée par la nécessité (qu'il est possible au demeurant d'accomplir

---

1. K. Marx, *Le Capital*, livre 3, chap. XLVIII, *op. cit.*, p. 742.
2. C'est le travail tel que mis en œuvre par « les producteurs associés [qui] règlent rationnellement leurs échanges avec la nature […] dans les conditions les plus dignes » (*ibid.*, p. 742).

« rationnellement », c'est-à-dire coopérativement, et de réduire – notamment grâce aux machines – mais pas d'éliminer), ce n'est pas le règne du non travail (identifié au règne de la liberté) qui commencerait : il y a bel et bien du travail au delà ou *en plus* du travail contraint par la nécessité naturelle, et il s'agit précisément d'un travail accompli librement. En ce sens, au delà du travail que la contrainte des besoins impose d'accomplir, il y a les travaux auxquels on se consacre librement, sans y être contraint par aucune nécessité, et notamment pas par la nécessité naturelle. Il s'agit là d'un travail libéré de la contrainte, susceptible d'être accompli pour lui-même et de procurer plaisir et joie à ceux qui s'y consacrent en développant leurs facultés [1]. Ce qui ne veut évidemment pas non plus dire que ce travail libre cesse d'être « productif », au sens où il ne satisferait plus de besoins : ce travail libre engendre bel et bien des produits ou des services qui satisfont des besoins, mais il s'agit alors de besoins autres que ceux qui sont immédiatement liés à la contrainte d'assurer la survie de l'espèce et de la société.

En d'autres termes, il n'y a pas d'opposition entre le Marx n°1 et le Marx n°2 *tels que* Thomas Coutrot les distingue : le Marx qui veut réduire le temps de travail est

1. Quand Marx écrit que le « royaume de la liberté » commence avec « le développement des forces humaines comme fin en soi » (*ibid.*), il ne dit nulle part qu'un tel développement des forces humaines et un tel « épanouissement » n'ont plus aucun rapport avec le travail, encore moins qu'ils lui sont opposés : le déploiement d'une activité de travail voulue pour elle-même comme fin (et non plus comme moyen) peut parfaitement permettre le développement et l'épanouissement en question, et même leur être indispensable. Et lorsqu'il écrit que la condition de cet épanouissement est « la réduction de la journée de travail » (*ibid.*), il s'agit de la réduction dans la journée de la part de l'activité servant de moyen à la production des conditions de la vie.

très exactement le même que celui qui pense que le travail peut permettre le « développement des forces humaines » et leur épanouissement. Ce Marx-là ne pense pas que « la vraie vie commence au-delà du travail », pour la très simple raison que, d'une part, il n'y a pas de vie possible sans travail et que, d'autre part, il y a des formes de travail qui relèvent de la « vraie vie », c'est-à-dire des formes de travail dans lesquelles il est possible de trouver un véritable accomplissement de soi – de sorte qu'il n'y a pas besoin d'être libéré du travail ou sorti du travail pour commencer à vraiment vivre et à vivre libre. On peut même envisager que, une fois ces formes-là de travail devenues majoritaires, le travail devienne, comme Marx le dit dans la *Critique du programme de Gotha*, « le premier besoin vital ». Pour ce Marx-là, qui est celui que nous appelons Marx 2, il ne peut être question d'aller au-delà du travail, de surmonter le travail et encore moins de l'abolir : ces objectifs-là – qui n'étaient pas de maximiser le travail libre, mais de *se* libérer *du* travail – ont certes bien été ceux de Marx, mais il s'agit de Marx 1, celui en particulier de *L'idéologie allemande* qui dessinait en effet la perspective d'une abolition du travail dans une sorte de productivité sociale généralisée au sein de laquelle plus aucune forme d'activité ne s'isolerait ni ne pourrait être isolée en tant que travail.

Marx aurait ainsi soutenu à propos du travail deux positions bien différentes, sans que cela le mette pour autant en contradiction avec lui-même. En effet, pour qu'une telle contradiction se produise, il aurait fallu que Marx soutienne simultanément ces deux positions (comme Arendt le pense, et Thomas Coutrot après elle), ce qui n'est pas le cas : ce sont des positions qu'il a soutenues *successivement* et la position de Marx 2 doit être considérée comme *se substituant* à celle de Marx 1, et non pas comme cohabitant contradictoirement avec elle. C'est du moins ce que nous allons tenter de montrer ici.

Identité du travail et de la production dans les *Manuscrits de 1844*

Prétendre, comme nous le faisons, que Marx serait passé du paradigme de la production à celui du travail peut surprendre à plus d'un titre. Un premier motif de surprise réside dans le fait que l'un des textes les plus fameux du jeune Marx, les *Manuscrits de 1844*, soit connu comme le texte dans lequel Marx élabore une théorie du travail aliéné (*entfremdete Arbeit*). On se dit alors que si le jeune Marx a pu élaborer une théorie du travail aliéné, ce ne peut être que dans la mesure où il était au même moment un théoricien ou un philosophe du travail, au sens où il a dû avoir une conception positive de ce qu'est ou de ce que devrait être le travail pour pouvoir faire porter sa critique sur les formes aliénées du travail – ce qui contredit immédiatement notre affirmation selon laquelle le paradigme philosophique du premier Marx aurait été celui de la production.

Afin de tenter de déterminer ce qu'il en est du rapport entre travail et production pour le jeune Marx, partons d'un passage significatif des *Manuscrits économico-philosophiques de 1844* :

> Car, tout d'abord, le travail, l'*activité vitale*, la vie productive n'apparaissent eux-mêmes à l'homme que comme un *moyen* en vue de la satisfaction d'un besoin, à savoir du besoin de conserver l'existence physique. Mais la vie productive est la vie générique. Elle est la vie qui engendre la vie. C'est dans la forme de l'activité vitale que repose le caractère entier d'une espèce, son

caractère générique, et l'activité consciente et libre est
le caractère générique de l'homme. La vie elle-même
n'apparaît que comme un *moyen de vivre*[1].

Le premier intérêt de ce passage est l'énumération de
trois termes que Marx donne comme synonymes les uns
des autres : le travail (*die Arbeit*), l'activité vitale (*die
lebendige Tätigkeit*), la vie productive (*das produktive
Leben*). Le travail est donc *la même chose* que l'activité
productive et celle-ci est l'activité vitale de l'homme ou
du genre humain : le travail ou l'activité productive est
l'activité générique de l'homme en ce qu'elle est l'activité
qui permet aux êtres humains de se maintenir en vie en
tant qu'espèce – le travail ou l'activité productive est une
activité vitale en ce sens-là, c'est-à-dire en tant qu'elle est
une activité qui permet la vie, le maintien et la perpétuation
de la vie. « La vie générique, aussi bien chez l'homme que
chez l'animal, consiste d'abord physiquement en ceci que
l'homme (comme l'animal) vit de la nature non
organique. »[2]. Dire que l'humanité comme espèce vit de
la nature non organique signifie que la nature et même, en
l'occurrence, la *totalité* de la nature (puisque l'humanité
est la seule espèce qui se rapporte à l'ensemble de la nature,
et pas seulement à une partie ou à une région de celle-ci),
est pour l'humanité comme son propre corps : dire, comme
le fait Marx, que « la nature est le corps propre non
organique de l'homme »[3] signifie que l'humanité considère
et traite l'ensemble de la nature comme son propre corps,
bien que « la nature ne soit pas elle-même le corps

---

1. K. Marx, *Manuscrits économico-philosophiques de 1844*, trad. fr.
et notes de F. Fischbach, Paris, Vrin, 2007, p. 122.
    2. *Ibid.*, p. 121-122.
    3. *Ibid.*

humain »[1]. La nature entière est le corps de l'humanité, un corps certes extérieur aux corps physiques des individus humains, mais un corps dans lequel ou au sein duquel les corps humains individuels sont contenus et dont ils sont eux-mêmes des parties. « Le fait que la vie physique et spirituelle de l'homme soit dépendante de la nature n'a pas d'autre sens que celui-ci : [...] l'homme est une partie de la nature »[2].

L'humanité comme genre doit en conséquence entretenir un rapport constant avec la nature dont elle dépend de façon vitale puisqu'elle en est une partie : l'humanité ne peut pas ne pas avoir ni entretenir un tel rapport constant avec la nature puisque sa vie en tant que partie dépend de son rapport au tout. « L'homme *vit* de la nature signifie : la nature est son *corps propre* (*Leib*), avec lequel il faut qu'il demeure dans un processus continuel pour ne pas mourir. »[3]. Et ce *ständiger Prozess*, ce processus constant entre l'homme et la nature est assuré par le travail, c'est-à-dire par l'activité productive, mieux : ce processus constant d'interaction vitale entre l'homme et la nature *est* le travail lui-même, il *est* l'activité productive elle-même. Ce processus constant d'interaction homme/nature est donc aussi l'activité générique humaine elle-même : ce qui signifie que ce processus n'est pas un moyen dont l'humanité se servirait afin de se maintenir en vie. Ce processus est, pour l'humanité, sa vie même, et non pas le moyen de sa vie ou le moyen de se maintenir en vie.

1. *Ibid.*
2. *Ibid.*
3. *Ibid.*

Ainsi donc l'activité productive, c'est-à-dire le travail en tant qu'il est la forme que prend le processus d'interaction constante entre l'humanité et la nature dont elle dépend et dont elle est une partie, le travail donc est l'activité générique humaine en tant que telle, il est l'expression même et la plus propre de la vie humaine, la forme que prend nécessairement sa vie en tant qu'elle est la vie d'une partie de la nature, comme telle dépendante de son interaction avec le tout dont elle est une partie et avec les autres parties constitutives de ce tout.

Le travail est l'activité productive qui, dans l'interaction avec la nature et par « l'*élaboration* de la nature non organique »[1], rend possible « l'engendrement pratique d'un *monde objectif* »[2]. Le sens de la production ou de l'activité productive réside entièrement dans cette « élaboration du monde objectif », c'est-à-dire dans le processus d'appropriation et de transformation de la nature qui résulte de l'interaction du genre humain avec le tout dont il est une partie. Mais, redisons-le, cette interaction n'est pas un moyen dont se doterait l'humanité, elle n'est pas un stratagème qu'aurait inventé l'humanité dans le but de se maintenir en vie : cette interaction et l'élaboration de la nature qu'elle permet sont les expressions de la vie même de l'humanité en tant que partie de la nature. C'est sa vie même et sa propre vie que l'humanité met en œuvre dans le travail : « la production est la vie générique [de l'homme] à l'œuvre » et « l'objet du travail est ainsi l'*objectivation de la vie générique de l'homme* »[3].

---

1. K. Marx, *Manuscrits économico-philosophiques de 1844*, op. cit., p. 123.
2. *Ibid.*
3. *Ibid.*

LE TRAVAIL ALIÉNÉ

On le voit : il n'y a pas, pour le moment, dans la pensée de Marx, de distinction entre le travail et la production. Ils sont une seule et même chose. Mais passons maintenant à la question du travail aliéné, c'est-à-dire au travail rendu méconnaissable et étranger à lui-même. Là où le travail réalise l'interaction vitale de l'homme et de la nature, le travail aliéné accomplit au contraire la coupure et la séparation entre l'homme et la nature. Le passage du travail au travail aliéné consiste en une inversion complète du sens du travail. Par exemple : alors que, du point de vue du travail, il apparaît que « le travailleur ne peut rien engendrer sans la *nature*, sans le *monde extérieur sensible* » et que, en ce sens, on peut dire que « la nature offre au travail son *moyen de subsistance* au sens où le travail ne peut pas *subsister* sans des objets à même lesquels il est exercé », inversement, du point de vue cette fois du travail *aliéné*, « plus le travailleur s'*approprie* par son travail le monde extérieur, la nature sensible, et plus il se soustrait de *moyen de subsistance* […] en ce que le monde extérieur sensible cesse de plus en plus d'être un objet appartenant à son travail »[1]. Cet exemple a ceci d'intéressant qu'il témoigne clairement du renversement qui se produit dans le rapport homme/nature lors du passage du travail au travail aliéné : d'une interaction entre l'homme et la nature ayant toutes les apparences d'une collaboration entre eux qui est telle que la nature fournit au travail humain les moyens dont il a besoin pour s'accomplir et les objets sur lesquels il s'exerce, on passe à une relation de conflictualité et d'antagonisme consistant en ce que l'exercice du travail,

---

1. *Ibid.*, p. 119.

la mise en œuvre de l'activité de travail a pour effet de lui soustraire dans la nature ses propres moyens de subsistance. Dans un cas, la nature « offre » au travail ce dont il a besoin pour s'effectuer, dans le second cas, le travail aliéné semble désormais s'effectuer *contre* la nature, l'appropriation qu'il réalise de la nature se traduit en soustraction des moyens de subsistance du travail lui-même. L'interaction collaborative entre l'homme et la nature se transforme en un rapport tel que le travail humain ne semble plus pouvoir se déployer que *contre* la nature et à son détriment : ce n'est plus la nature qui offre ses moyens au travail, c'est le travail qui dépossède la nature de ce dont il a besoin pour s'effectuer et que, désormais, il doit lui arracher parce qu'elle ne les lui offre plus et, au contraire, les lui soustrait.

Là où, dans le travail et l'activité productive, il y a continuité entre le travail humain et la nature, continuation de la seconde par le premier, il y a en revanche, dans le travail aliéné, rupture entre l'homme et la nature. Et cette rupture de l'interaction entre l'homme et la nature est le présupposé de toute l'analyse que donne Marx du travail aliéné. En ce sens, dans les *Manuscrits de 44*, l'opposition pertinente n'est pas encore entre travail et production, *mais entre, d'une part, le travail et la production et, d'autre part, le travail aliéné*. Le travail et la production relèvent tous les deux de ce que Marx nomme à l'époque « l'industrie humaine » dont le développement apparaît comme étant entravé par la forme aliénée du travail. L'aliénation du travail est un blocage de la production, c'est-à-dire de l'industrie. L'aliénation est vue comme une perturbation injustifiée de la production, qui vient rompre la continuité entre le développement de l'industrie humaine et l'affirmation de la productivité de la nature : en venant rompre le lien entre le travail humain et ses conditions objectives, c'est-à-dire naturelles – un lien qui est condition de possibilité du déploiement de l'industrie –, l'aliénation vient gâcher les possibilités d'affirmation de soi des hommes dans et par leur industrie, elle entrave les chances d'un déploiement de l'industrie humaine en continuité, voire en collaboration avec la productivité naturelle.

ABOLITION DU TRAVAIL ET DE LA DIVISION DU TRAVAIL DANS *L'IDÉOLOGIE ALLEMANDE*

Lorsque, des *Manuscrits de 1844*, on passe à *L'idéologie allemande*, on ne peut qu'être frappé par les profondes transformations intervenues dans la pensée de Marx. La plus significative consiste sans doute dans la séparation des concepts de travail et de production : pour le dire vite, nous avons affaire à une promotion du concept de production et à une dévalorisation concomitante du concept de travail. Cela se marque d'abord à l'apparition des thématiques nouvelles de l'abolition du travail et de l'abolition de la division du travail. Ces thèmes apparaissent notamment dans un passage du texte où Marx pose que les individus sont subsumés sous leur classe de la même façon qu'ils sont subsumés sous la division du travail : dans les deux cas, les individus sont déterminés par des conditions qu'ils trouvent déjà là. Ils « se voient dicter leur position dans la vie » du fait d'une appartenance de classe dont ils ne décident pas, et, de même, ils se voient dicter le type de leur activité par la division du travail dont ils ne décident pas davantage que de leur appartenance de classe : Marx pose que « la subsomption des individus singuliers sous la division du travail » est « le même phénomène » que leur subsomption sous la classe, et il ajoute qu'elle « ne peut être supprimée que par l'abolition (*die Aufhebung*) de la propriété privée et du travail lui-même »[1]. La propriété privée qui apparaît ici relève de ce que Marx commence dans *L'idéologie allemande* à appeler les rapports de production : elle est une forme de ces rapports qui apparaît comme une entrave au plein développement des forces productives[2], de même que le travail apparaît ici comme une activité dont la forme maintient les travailleurs séparés des forces productives et donc séparés d'eux-mêmes. « Les forces productives, écrit Marx, ne connaissent sous la propriété privée qu'un développement unilatéral, elles deviennent pour le plus grand nombre des forces destructives. »[3]. Ce retournement des forces de production en forces de destruction sous le régime de la propriété privée se manifeste en particulier dans le fait que, comme dit Marx, « le travail lui-même devient insupportable au travailleur »[4]. En adoptant la forme du travail, l'activité productive du travailleur, qui devrait consister en une affirmation de lui-même et en ce que Marx appelle une « auto-activité » (*Selbsttätigkeit*), se renverse en son exact contraire : elle devient une force de destruction du travailleur individuel.

On comprend mieux dans ces conditions que l'objectif puisse pour Marx être celui de l'abolition du travail, c'est-à-dire l'abolition de la forme travail de la production. Plusieurs thématiques se croisent ici : d'une part celle qu'on vient de voir, le fait que le travail soit souffrance là

1. F. Engels, K. Marx, J. Weydemeyer, *L'idéologie allemande*, 1er et 2e chapitres, édition bilingue, trad. fr. J. Quétier et G. Fondu, Paris, Éditions sociales, collection GEME, Paris, 2014, p. 195.

2. La propriété privée est « une chaîne » pour « la masse de forces productives » engendrée par la grande industrie (*ibid.*, p. 183).

3. *Ibid.*, p. 183.

4. *Ibid.*, p. 185.

où la production devrait être affirmation et jouissance, mais d'autre part aussi le fait que la forme travail impose une division des activités humaines entre celles qui sont posées et reconnues comme relevant du travail et celles qui ne le sont pas, en même temps qu'elle assigne l'individu à une seule forme de travail dans l'ignorance et l'abstraction de toutes les autres – ce qui a pour conséquence de laisser en jachère toutes les potentialités productives qui sont celles d'un individu, et donc aussi celles de la société dans son ensemble. D'où ce très fameux passage :

> Aussitôt que le travail commence à être réparti, chacun a un cercle d'activité exclusif et déterminé qui lui est imposé et dont il ne peut sortir ; il est chasseur, pêcheur ou berger, ou critique critique, et il doit nécessairement le rester s'il ne veut pas perdre les moyens qui lui permettent de vivre – tandis que dans la société communiste, où chacun n'a pas un cercle d'activité exclusif, mais peut se former dans n'importe quelle branche, la société règle la production générale et, de ce fait, m'offre la possibilité de faire aujourd'hui ceci, demain cela, de chasser le matin, de pêcher l'après-midi, de pratiquer l'élevage le soir et de critiquer après le repas, exactement comme j'en ai envie, sans jamais devenir chasseur, pêcheur, berger ou critique [1].

Ce passage s'articule autour d'une relation d'opposition entre le travail et la production : d'un côté, il y a le travail divisé et réparti qui consiste en l'assignation à chacun d'un « cercle exclusif d'activité », tandis que de l'autre côté – en l'occurrence sur le versant qui fait l'objet d'une évaluation normative positive de la part de Marx – on trouve la « production générale » faisant l'objet d'une régulation

1. *Ibid.*, p. 77-79.

sociale d'ensemble. De ce côté de la production générale, on a une unité de l'activité individuelle particulière et de l'intérêt commun universel dans la mesure où les activités de production sont socialement régulées, tandis que du côté du travail divisé, on a au contraire une séparation et une opposition entre l'activité particulière de travail et l'intérêt universel ou général : ce dernier reste extérieur à l'activité individuelle de travail et s'impose à elle de l'extérieur sous la forme d'une contrainte qui est d'abord celle de la dépendance réciproque entre toutes les activités individuelles de travail, dont chacune subit ainsi l'ensemble de toutes les autres en tant que l'ensemble des conditions dont elle dépend et qu'elle ne maîtrise pas. C'est pourquoi Marx note que, « avec la division du travail est en même temps donnée la contradiction entre l'intérêt de l'individu singulier ou de la famille singulière et l'intérêt communautaire de tous les individus qui ont commerce les uns avec les autres » – cet intérêt communautaire existant d'abord « dans la réalité effective en tant que dépendance réciproque des individus entre lesquels le travail est divisé »[1].

C'est là le propre d'une société du travail divisé, c'est-à-dire d'une société qui ignore l'idée d'une production socialement régulée : l'intérêt même de la société comme tel, que Marx appelle « l'intérêt communautaire », n'y peut prendre que la forme d'une régulation externe, formelle et aveugle qui contraint chaque activité séparée de production – qui, en tant que séparée, prend la forme d'un travail – du poids de toutes les autres activités de production avec lesquelles la première est obligée d'entretenir un

---

1. F. Engels, K. Marx, J. Weydemeyer, *L'idéologie allemande*, *op. cit.*, p. 77.

commerce afin de pouvoir s'accomplir. Et c'est là la raison pour laquelle, « aussi longtemps que l'activité n'est pas le fruit de la volonté libre, mais qu'elle est divisée de façon spontanée (*naturwüchsig*), l'acte propre de l'homme devient pour lui une puissance étrangère qui lui fait face, qui le place sous son joug, au lieu que ce soit lui qui domine cet acte »[1]. Le travail est ainsi le nom que prend l'activité productive quand elle cesse pour chacun d'être son activité propre et devient l'activité coagulée de tous les autres qui viennent contraindre et éventuellement contrecarrer la sienne propre de l'extérieur : en ce sens, le Marx de *L'idéologie allemande* est celui qui pense qu'il n'y a plus de travail qu'aliéné, ou que le travail est le nom qui convient à l'activité productive quand elle est aliénée, c'est-à-dire quand elle n'est plus pour personne son activité *propre*, son « auto-activité » (*Selbsttätigkeit*), mais le résultat coagulé, contraint, limité et borné de l'activité anonyme de tous les autres.

Aussi Marx peut-il alors écrire que « chez les prolétaires, leur propre condition de vie, le travail, ainsi que toutes les conditions d'existence de la société actuelle sont devenues pour eux une chose contingente sur laquelle les prolétaires singuliers n'ont aucun contrôle […], et la contradiction entre la personnalité du prolétaire singulier et la condition de vie qui lui est imposée, le travail, se fait jour pour lui-même »[2]. Le travail est ainsi la « condition de vie » qui est imposée aux travailleurs, une condition qui vient contredire leur « personnalité » dans la mesure même où le travail est directement contraire et est un obstacle au déploiement de l'auto-activation, c'est-à-dire à l'affirmation

---

1. *Ibid.*
2. *Ibid.*, p. 203.

de ce qui est constitutif de la personnalité. Il ne peut donc s'agir que de se libérer du travail, ce qui suppose selon Marx « la transformation du travail en auto-activation », de sorte que « l'auto-activation coïncide avec la vie matérielle »[1], c'est-à-dire avec la production sociale et matérielle. Et si la spécificité du moment historique dont Marx est le contemporain consiste, comme il le dit, en ce que « les forces productives se sont développées jusqu'à former une totalité » et en ce qu'elles « n'existent qu'à l'intérieur du commerce universel », alors Marx estime pouvoir dire que « seuls les prolétaires d'aujourd'hui, qui sont complètement exclus de toute auto-activation, sont en mesure d'imposer leur auto-activation complète et non plus bornée, laquelle consiste dans l'appropriation d'une totalité de forces productives et dans le développement d'une totalité de facultés que celle-ci implique »[2].

En d'autres termes, contre le travail qui sépare les prolétaires de toute possibilité d'auto-activation, il faut procéder à un renversement complet, comme tel révolutionnaire, qui consiste en un passage brutal à l'auto-activation par l'appropriation de la totalité des forces productives ou des forces productives totalement développées : se libérer du travail, forme bornée et entièrement subie d'hétéro-activation, revient pour les travailleurs à entrer dans un devenir productif total qui coïncide avec leur auto-activation. L'appropriation totale de forces productives elles-mêmes totalement développées, le devenir totalement productif des prolétaires dans une société elle-même intégralement productive, telle est donc

1. F. Engels, K. Marx, J. Weydemeyer, *L'idéologie allemande*, *op. cit.*, p. 233.
2. *Ibid.*, p. 231.

la manière dont le Marx de *L'idéologie allemande* conçoit
la possibilité de se libérer du travail. On sort du travail par
la production et en faisant coïncider la production avec
l'auto-activation.

LA SOUMISSION DU TRAVAIL À LA PRODUCTION
DANS LE CAPITALISME

Venons-en maintenant à la position du dernier Marx
ou de Marx 2. Cette position est exprimée par Marx en
1864 dans le *Manifeste inaugural de l'Association
Internationale des Travailleurs*. Marx pose ici clairement
que l'objectif est, selon sa propre expression, « l'émancipation du travail » et il donne deux exemples des progrès
accomplis en direction de cette émancipation dans les
années qui précèdent son *Manifeste inaugural*. Le premier
exemple est celui de la « limitation légale des heures de
travail » et de la conquête du bill de dix heures par les
ouvriers anglais : dans la lutte pour l'obtention de cette
limitation légale de la durée du travail, c'était aussi
« l'économie politique de la classe ouvrière » qui affrontait
« l'économie politique de la bourgeoisie », c'était « la
grande querelle entre le jeu aveugle de l'offre et de la
demande, qui est toute l'économie politique de la classe
bourgeoise, et la production sociale contrôlée et régie par
la prévoyance sociale, qui constitue l'économie politique
de la classe ouvrière » et, « pour la première fois au grand
jour », c'est « l'économie politique du travail » qui a
remporté une victoire à la fois pratique et symbolique sur
« l'économie politique de la propriété ».

Le second exemple que donne Marx du progrès vers
l'émancipation du travail est celui « du mouvement
coopératif et des manufactures coopératives » : là encore,

c'est la victoire d'un principe sur un autre, en l'occurrence celle du travail libre et autonome sur le travail dominé et asservi à une production dont les instruments et les finalités lui échappent. La valeur de ces « grandes expériences sociales » que sont les coopératives tient à ce que, selon Marx, elles ont démontré « qu'il n'était pas nécessaire pour le succès de la production que l'instrument de travail fût monopolisé et servît d'instrument de domination et d'extorsion contre le travail lui-même », elles ont montré que, « comme le travail esclave, comme le travail serf, le travail salarié n'était qu'une forme transitoire et inférieure, destinée à disparaître devant le travail associé ». Les deux exemples mobilisés par Marx illustrent l'idée du travail posé comme un principe sur la base duquel peut s'opérer une transformation de la production : c'est le travail émancipé de la soumission à la production et devenant maître de celle-ci, à la fois parce que c'est lui qui limite le temps consacré à la production et parce que c'est lui qui décide de la forme de la production en lui imposant celle de la coopération et de l'association.

On comprend dès lors que Marx puisse interpréter sa propre entreprise théorique comme celle d'une critique de l'économie politique bourgeoise faite du point de vue de ce qu'il appelle lui-même « l'économie politique du travail ». Ce point de vue est très clairement celui adopté par Marx dans *Le Capital*.

Dans le chapitre v du livre 1 du *Capital*, Marx donne une première définition du travail productif au point de vue du « procès de travail », celui-ci étant lui-même saisi abstraitement, c'est-à-dire « indépendamment de toute forme sociale déterminée » [1]. Saisi ainsi indépendamment

---

1. K. Marx, *Le Capital*, livre 1, chap. v, *op. cit.*, p. 198.

des formes de sociétés dans lesquelles il s'inscrit à chaque fois, le procès de travail est lui-même composé de trois « moments simples »[1] : d'abord *l'activité* que déploie un individu en vue de la fin qu'il se propose de réaliser (cette activité individuelle consciente orientée vers une fin étant ce que Marx appelle « le travail proprement dit »[2]), ensuite *l'objet* sur lequel porte ou bien auquel s'applique cette activité qu'est le travail, et enfin le *moyen* qu'utilise le travail pour réaliser sa fin. L'objet de travail, c'est ce que l'individu *trouve* comme étant déjà là : c'est l'ensemble des choses que « la terre » fournit à l'homme et que « le travail n'a qu'à détacher de leur liaison immédiate avec le tout terrestre »[3]. Le moyen de travail, c'est ce que l'individu « insère entre son objet de travail et lui »[4] : le moyen de travail suppose un *acte* de l'individu, de sorte que si l'objet de travail est ce que l'individu « trouve tel quel par nature », le moyen de travail est ce dont l'individu « s'empare immédiatement »[5] et qui ne prend sens non pas comme ce à quoi son activité s'applique, mais comme ce qui permet et prolonge cette activité, il est ce dont l'individu s'empare pour en faire « un organe de son activité »[6]. De ce point de vue-là, et si donc, comme dit Marx, « on considère l'ensemble de ce procès du point de vue de son résultat, [à savoir] le produit, [alors] moyen de travail et objet de travail apparaissent l'un et l'autre comme des moyens de production, et le travail lui-même comme

---

1. *Ibid.*, p. 200.
2. *Ibid.*
3. *Ibid.*, p. 201.
4. *Ibid.*
5. *Ibid.*
6. *Ibid.*

travail productif » [1]. C'est évidemment au regard de son produit que le travail peut se définir comme productif, et le produit est ici « une valeur d'usage, une matière naturelle appropriée à des besoins humains par une modification de sa forme ». [2]. L'ensemble du procès de travail nous amène donc à une compréhension de ce qu'est le travail productif : celui-ci se définit comme l'activité que déploie un individu en vue d'une fin qu'il se représente consciemment, cette fin étant en l'occurrence d'engendrer un objet utile, c'est-à-dire un objet qui satisfasse un besoin humain, de sorte que l'activité visant cette fin consiste à « provoquer une modification de l'objet de travail grâce au moyen de travail » [3].

On a là une première approche du travail productif, ou plutôt de ce que Marx appelle plus précisément le travail « immédiatement productif ». Au regard de cette première approche ou de cette saisie immédiate qui, en tant que telle, ne peut être qu'abstraite et générale, on peut dire qu'il n'y a pas de travail qui ne soit productif : tout travail consiste en la mobilisation par un individu donné de son activité propre en vue de la fin qui consiste à produire une chose utile, et à le faire en utilisant des moyens qui permettent de modifier un objet trouvé en lui donnant une forme qui le rende précisément utile à la satisfaction d'un besoin. Le problème est que ce travail *immédiatement* productif n'existe comme tel en réalité nulle part pour la raison qu'un procès de travail vient toujours prendre place au sein d'une formation sociale, au sein d'une organisation sociale qui lui donne à chaque fois une forme particulière.

1. K. Marx, *Le Capital*, livre 1, chap. v, *op. cit.*, p. 203.
2. *Ibid.*
3. *Ibid.*

C'est pourquoi lorsque Marx rappelle cette première définition du travail productif au seuil du chapitre xv (« Survaleur absolue et relative »), il rappelle également la note 7 qui figurait dans le chapitre v dans laquelle Marx précisait que « cette définition du travail productif, telle qu'elle ressort de la perspective du procès de travail simple, ne suffit absolument pas pour le procès de production capitaliste »[1], pas plus d'ailleurs qu'elle ne suffit pour aucun autre procès de production à partir du moment où celui-ci est inscrit dans une formation sociale déterminée.

Cela tient au fait que le procès de travail n'a jusqu'ici été abordé que comme un procès individuel, comme un procès consistant en l'interaction d'un individu avec les objets naturels qu'il trouve et qu'il se fixe pour fin de transformer en des produits utiles. Comme le dit Marx, « dans l'appropriation individuelle des objets de la nature à ses propres finalités vitales, [l'individu] a le contrôle de lui-même [;] c'est plus tard qu'il est contrôlé »[2], et il l'est ou le devient en l'occurrence par la société dans laquelle vient prendre place son activité de travail productif. Dans l'analyse du procès de travail, tout change donc quand on introduit la perspective sociale en lieu et place de la perspective strictement individuelle qui a été jusqu'ici retenue. Ainsi, poursuit Marx, « de même que le système de la nature fait de la tête et de la main un ensemble unique, le procès de travail réunit travail cérébral et travail manuel [;] c'est par la suite qu'ils se dissocient et finissent même par s'opposer comme des ennemis »[3]. Ainsi donc, il en va de même du contrôle de l'activité individuelle et

---

1. *Ibid.*, chap. v, p. 203 et chap. xiv (« Survaleur absolue et relative »), p. 569.

2. *Ibid.*, chap. xiv, p. 569.

3. *Ibid.*

de la dissociation des aspects manuels et cérébraux ou intellectuels de l'activité de travail : ils n'apparaissent que du fait de l'inscription de cette activité dans une formation sociale donnée et ils ne se manifestent pas aussi longtemps qu'on ne prend sur l'activité de travail qu'un point de vue *individuel*, non historique, non social et donc abstrait.

Dès qu'on introduit l'élément social et historique, on introduit aussi la division du travail interne à l'organisme social : l'activité individuelle de travail apparaît alors comme le résultat de la division d'une activité globale de travail qui est celle de l'ensemble de la société, et les aspects qui étaient unis dans l'activité individuelle de travail se séparent à leur tour, l'activité manuelle se sépare de l'activité intellectuelle et elles échoient à des individus et à des groupes différents d'individus. Mais il arrive aussi qu'il n'y ait plus de rapport direct et donc immédiat entre le producteur individuel et le produit de son activité de travail : la production du résultat de l'activité de travail suppose l'intervention d'une multiplicité d'autres producteurs, ceux qui ont déjà élaboré avant lui ce qui devient l'objet de son travail, par exemple les fileurs qui fournissent son fil à celui qui va faire la toile, mais aussi ceux qui ont produit les outils qu'il utilise, mais encore ceux dont l'activité est requise dans l'élaboration du même produit à un autre stade de sa fabrication. Bref, « le produit se transforme en produit social collectif d'un travailleur global »[1].

On voit alors que « c'est la notion même de travail productif, ou de son porteur, la notion de travailleur productif, qui s'étend »[2]. Elle s'étend en ce que n'est plus

---

1. K. Marx, *Le Capital*, livre 1, chap. v, *op. cit.*, p. 570.
2. *Ibid.*

considéré comme productif le seul individu qui est
directement et immédiatement en relation avec l'objet du
travail ou celui qui, comme dit Marx, « met lui-même la
main à la pâte » : plus besoin, pour être travailleur productif,
d'être à la fois celui qui conçoit l'objet à produire, qui
utilise l'objet du travail et lui applique les moyens du
travail. Il suffit désormais, pour être un travailleur productif,
d'être impliqué dans l'une ou l'autre des étapes du procès
qui conduit au produit : « il suffit d'être un organe
quelconque du travailleur global et d'exécuter l'une de ses
sous fonctions »[1]. En ce sens, celui qui prend part à la
conception de l'objet à produire est tout aussi productif
que celui qui implique directement son énergie physique
dans le procès de la production, ce dernier ne devant plus,
pour être productif, avoir de rapport avec l'objet fini, son
intervention à l'un des stades de la production suffisant
amplement à le rendre productif.

On a donc une *diffusion* du travail productif qui est
telle que ce travail s'étend à la société entière et que celle-ci
devient un travailleur global, tous les individus participant
à un titre ou à un autre de cette activité sociale globale de
production devenant eux-mêmes des travailleurs productifs.
La socialisation du travail, c'est-à-dire la socialisation des
objets, des moyens et des produits du travail a donc pour
signification que c'est la société qui devient elle-même la
porteuse du travail productif et que tous les individus
deviennent productifs dès lors qu'ils participent de cette
activité globale et que leur activité s'inscrit dans la division
sociale du travail.

Avec la première analyse du procès de travail, située
sur un plan strictement individuel, nous avions affaire à

1. *Ibid.*

quelque chose dont le degré d'abstraction était tel que cela ne pouvait se passer dans *aucune* société ; avec cette seconde analyse, c'est l'inverse : nous avons affaire à quelque chose qui se passe dans *toutes* les sociétés et qui apparaît dès qu'il y a socialisation de l'activité de travail. Ces deux analyses du procès de travail et du travail productif sont donc abstraites et, à ce titre, insatisfaisantes. On comprend que Marx soit pressé d'en venir au travail productif et au procès de travail dans la société dominée par le mode de production capitaliste. Car c'est là qu'intervient quelque chose de nouveau : à rebours de la socialisation dont on a vu qu'elle *étendait* la notion de travail productif en faisant de la société elle-même un travailleur global, il se produit au contraire, dans la production de type capitaliste, ce que Marx appelle « une sorte de rétrécissement » de la notion de travail productif. Cela est dû à la spécificité du procès capitaliste de production qui n'est pas seulement production de choses utiles, ni même seulement production de marchandises, c'est-à-dire de choses porteuses de valeur, mais « essentiellement production de survaleur ».

Ici, le travailleur ne produit pas pour lui, il ne produit pas non plus pour un autre indéterminé et donc pour la société, il produit « pour le capital ». Ce n'est donc ni le producteur individuel, ni la société qui définit ce qui est un travail productif, c'est le capital qui le définit comme tel. Pour qu'il soit productif et considéré comme tel, il ne suffit plus que le travailleur produise individuellement, ni qu'il produise socialement au sens où son activité prend part à l'activité sociale de production, « il faut qu'il produise de la survaleur » : telle est maintenant la condition pour que son travail vaille comme du travail productif, et pour que lui-même soit reconnu comme travailleur productif.

« Seul est productif le travailleur qui produit de la survaleur pour le capitaliste ou qui sert à la valorisation du capital »[1].

On a là le résultat de l'étude approfondie que Marx a faite à partir du début des années 60 de la catégorie de travail productif et dont témoignent en particulier les *Théories sur la plus-value*. On sait toute l'importance que Marx accorde à Smith dans le chapitre IV des *Théories*, celui qu'il consacre au « travail productif et improductif ». Smith avait en effet écrit, dans *La richesse des nations*, que les « ouvriers productifs » sont ceux qui « reproduisent la valeur totale de leur consommation *accompagnée d'un certain profit* »[2]. Ce que Marx commente de la façon suivante : « ici le *productive labourer* est de toute évidence celui qui, non seulement reproduit la *full value* des moyens de subsistance contenus dans le salaire, mais qui la reproduit *with a profit* pour le capitaliste ». De sorte que Marx peut faire ici un éloge appuyé de Smith :

> Smith, dit-il, a touché juste : sur le plan des concepts, il a épuisé la question. Un de ses plus grands mérites scientifiques est d'avoir défini le travail productif comme *travail qui s'échange immédiatement contre le capital*[3].

Ce qui veut dire que « seul le travail qui produit du capital est productif », et donc le travail qui permet au capital de s'accroître et de se valoriser, la condition pour que cela ait lieu étant qu'il y ait *échange* entre le capital et la force de travail, et en l'occurrence un échange tel que la part de capital qui est versée comme salaire et qui est

---

1. K. Marx, *Le Capital*, livre 1, chap. V, *op. cit.*, p. 570.
2. Cité par Marx dans *Théories sur la plus-value*, publiées sous la direction de G. Badia, t. 1 (chap. I à VII), Paris, Éditions sociales, 1974, chap. 4, p. 166.
3. K. Marx, *Théories sur la plus-value*, *op. cit.*, p. 167.

objectivée dans les moyens de travail soit « remplacée par plus de travail qu'elle n'en contient ». Cette conception du travail productif est celle que Marx reprend dans *Le Capital*, notamment au chapitre XIV où il écrit que « seul est productif le travailleur qui produit de la survaleur pour le capitaliste ou qui sert à la valorisation du capital ». C'est aussi celle que l'on trouve dans le *Chapitre VI* également nommé *Chapitre inédit du Capital*, dont la rédaction en 1864 est contemporaine de celle des *Théories sur la plus-value*, où Marx écrit : « est productif le travail qui crée immédiatement de la survaleur, c'est-à-dire qui valorise le capital »[1].

Les catégories de travail et de travailleur productifs nous mettent ainsi en présence de l'une des multiples formes que prend la contradiction inhérente au mode de production capitaliste. D'une part en effet, considérée de façon générale en tant que formation sociale, et donc comme *toute* autre forme de société, la société de type capitaliste *étend* les catégories de travail et de travailleur productifs, et elle procède même plus qu'aucune autre société à cette extension : elle est une société qui accroît plus que nulle autre en son sein la division sociale du travail, qui rend les travaux individuels plus interdépendants que jamais et qui généralise les formes coopératives du travail, de sorte qu'en ce sens il n'y a plus aucun travail, même réduit à une tâche extrêmement partielle et limitée, qui ne soit actuellement ou potentiellement productif.

Mais, d'autre part *et dans le même temps*, le même mode de production capitaliste procède à une *restriction*

---

1. K. Marx, *Le Chapitre VI. Manuscrits de 1863-1867 – Le Capital, Livre 1*, trad. fr. G. Cornillet, L. Prost et L. Sève, Paris, Éditions sociales, série GEME, 2010, p. 212.

sans précédent des catégories de travail et de travailleur productifs, puisque c'est un mode de production qui engendre une forme de société au sein de laquelle ne sont plus reconnus comme productifs que les travaux qui accroissent le capital et en permettent la valorisation.

Cela est dû au fait que la société soumise au mode de production capitaliste est celle dans laquelle aucun individu ne peut devenir productif s'il n'a pas d'abord été un échangiste, l'entrée d'un individu dans le procès de production supposant qu'il ait d'abord vendu à autrui la marchandise qu'est sa propre force de travail : sans cet échange marchand préalable, l'individu n'entrerait pas dans le procès de production, et surtout, sans cet échange, ce procès ne pourrait pas être productif au sens proprement capitalistique du terme, c'est-à-dire qu'il ne pourrait pas être en même temps un procès de valorisation du capital consistant en ce que, en échangeant une part de capital avec la force de travail, « le capitaliste reçoit un *quantum* de temps de travail supérieur à celui qu'il a payé sous forme de salaire »[1].

On peut donc dire, en d'autres termes, que les sociétés de type capitalistes, en restreignant et limitant comme elles le font le sens du travail productif, sont des formations sociales qui attestent par là même qu'en leur sein, ce n'est pas le procès de travail qui est porteur du lien social : le lien social y est assuré par l'échange marchand de la force de travail contre une part de capital sous la forme du salaire, et non pas directement par le procès de travail. En limitant le travail à la production et en restreignant le productif de la production aux seules activités qui valorisent le capital, ces sociétés montrent qu'en leur sein le lien social réside

---

1. K. Marx, *Théories sur la plus-value, op. cit.*, p. 166.

essentiellement non pas dans le travail et la production eux-mêmes, mais dans la vente et l'achat de la marchandise particulière qu'est la force de travail.

C'est ce qu'Alfred Sohn-Rethel avait très clairement aperçu dans son article de 1970 intitulé « Travail intellectuel et travail manuel. Essai d'une théorie matérialiste », où il parvenait aux conclusions suivantes :

> L'échange marchand est une relation d'appropriation et constitue la contradiction de la production. Quand l'échange marchand devient le véhicule du lien social, la société fonctionne comme un contexte d'appropriation, comme une société d'appropriation où la production même doit se conformer aux règles de l'appropriation. [1].

On pourrait certes reprocher à Sohn-Rethel de s'exprimer ici en des termes qui paraissent à première vue être davantage ceux de *L'idéologie allemande* et donc de Marx 1 : son usage notamment des concepts généraux de production et d'échange marchand ne souligne pas suffisamment que c'est de la production *capitaliste* qu'il s'agit spécifiquement. La spécificité du travail productif capitaliste n'est en effet pas seulement qu'il suppose un échange en général, par exemple un échange contre du revenu, mais échange *contre du capital* : et c'est parce qu'il y a échange contre du capital qu'il y a aussi appropriation, le capital utilisant l'échange pour s'approprier une quantité de travail plus grande que celle qu'il paye.

C'est donc uniquement à propos du capitalisme qu'il est possible de parler d'une soumission non pas d'ailleurs

---

1. Alfred Sohn-Rethel, « Travail intellectuel et travail manuel. Essai d'une théorie matérialiste », trad. fr. L. Mercier, dans A. Sohn-Rethel, *La pensée-marchandise*, Bellecombe-en-Bauges, Éditions du Croquant, 2010, p. 145.

de la production, mais du travail « aux règles de l'appropriation ». Sohn-Rethel précise d'ailleurs lui-même les choses quand il ajoute que « le contraire serait une société de production où le lien social se fonderait sur la pratique de la production, sur son procès de travail, au sens marxien du terme ». Là encore, la notion de « société de production » est maladroite de la part de Sohn-Rethel, en ce qu'elle renvoie à Marx 1 plutôt qu'à Marx 2, mais elle est aussitôt corrigée par l'expression de « pratique de la production », et plus encore par la mention du « procès de travail ». On voit très clairement que le contraire d'une société d'appropriation de la force de travail et donc de soumission de celle-ci au procès de production et de valorisation du capital, serait *une société au centre de laquelle se trouverait le procès de travail lui-même, comme porteur direct et explicite du lien social*.

Vers le travail libéré de la captation productive

Nous pouvons alors, pour finir, revenir au procès de travail tel que Marx le thématise au début du chapitre xiv du Livre 1 *Capital*. Dans le procès de travail considéré comme « appropriation individuelle des objets de la nature aux propres finalités vitales de l'individu », ce dernier « a le contrôle de lui-même », et, « de même que le système de la nature fait de la tête et de la main un ensemble [individuel] unique, [de même] le procès de travail réunit travail cérébral et travail manuel »[1]. Ainsi se passent les choses aussi longtemps du moins qu'on considère le procès de travail comme « un procès purement individuel », ce

---

1. K. Marx, *Le Capital*, livre 1, chap. xiv, *op. cit.*, p. 569.

qui n'est possible que par abstraction. Car le procès de travail est en réalité toujours un procès social : la socialisation du procès de travail introduit la division du travail, et en particulier la division entre travail manuel et travail cérébral. Le sujet du procès de travail n'est alors plus l'individu, mais la société dans son ensemble, qualifiée par Marx de « travailleur global » [1] qui fait des individus des « organes » de lui-même en leur attribuant des fonctions séparées de travail matériel et de travail intellectuel. Cette séparation n'a rien de spécifique aux sociétés de type capitaliste, mais ces sociétés-là poussent la division entre le travail de la main et le travail de la tête plus loin que n'importe quelle autre, en particulier en raison de la mobilisation productive de la science à laquelle elles procèdent. À quoi s'ajoute que, en tant que sociétés marchandes, elles déplacent le lien social du procès de travail vers l'échange, ce qu'elles font plus que nulle autre société marchande en soumettant l'échange lui-même à la logique abstraite de la valorisation du capital, et donc en faisant de l'échange un moyen d'accroissement du capital. Le procès de travail est dès lors privé de toute possibilité de contrôle sur lui-même par lui-même : il est contrôlé et commandé de l'extérieur par le capital qui l'utilise et le mobilise comme procès de valorisation de lui-même.

S'esquisse alors, en contrepoint, la figure d'une société qui possèderait le contrôle d'elle-même comme le travailleur possède le contrôle de lui-même dans le procès de travail individuel, d'une société qui unirait « travail cérébral et travail manuel » comme « le système de la nature fait de la tête et de la main un ensemble unique ». Une telle société, réalisant ce que Sohn-Rethel appelle « l'unité sociale de

---

1. K. Marx, *Le Capital*, livre 1, chap. XIV, *op. cit.*, p. 570.

la tête et de la main », est une société dans laquelle le procès de travail serait lui-même et directement le véhicule du lien social, c'est une société dans laquelle le potentiel de socialisation portée par le travail serait pleinement développé en étant libéré de sa captation productive par l'échange entre capital et force de travail. C'est une société qui aurait soustrait au capital le monopole qu'il possède actuellement et qui est essentiellement le monopole de la décision portant sur ce qui est du travail productif et ce qui n'en est pas : mais retirer au capital ce monopole revient à le détruire en tant que capital.

Précisons encore, pour finir, qu'il ne s'agit pas de transférer à une autre instance que le capital le pouvoir de décider de ce qui est travail productif et de ce qui ne l'est pas : il s'agit d'en finir avec cette distinction même, et donc de contester la séparation même entre travail productif et travail non-productif au motif que cette séparation et cette opposition, partout où elles fonctionnent, portent la marque du capital et qu'elles sont à chaque fois les véhicules privilégiés de la domination, non pas seulement du travail de la tête sur celui de la main, mais aussi du travail masculin reconnu comme productif sur le travail reproductif féminin invisibilisé comme non-productif, ou encore de la domination de l'espèce humaine sur le reste de la nature. La domination du capital se manifeste précisément au pouvoir qui est à chaque fois le sien de décider qui est productif et qui ne l'est pas, quel travail est productif et quel travail ne l'est pas, quelles espèces sont productives et lesquelles ne le sont pas.

Le capital exerce ce pouvoir en contraignant les individus à l'échange de leur force de travail contre du capital, c'est-à-dire en faisant d'eux de purs sujets séparés des conditions matérielles du procès de travail : le devenir productif d'une activité de travail sous le capital est en ce sens toujours la destruction de ce dont le procès de travail est l'unité. Le procès de travail est une relation métabolique entre l'homme et la nature qui est rompue par l'enrôlement du procès de travail dans le procès productif comme procès de valorisation du capital. Cette rupture de l'unité métabolique du procès de travail est fondamentale : c'est là que s'est jouée et s'est décidée, dans l'antre secret de la production et dès que celle-ci est devenue production capitaliste [1], la rupture du rapport métabolique entre les systèmes sociaux et les systèmes naturels [2].

---

1. C'est-à-dire dès que la production est devenue procès de valorisation du capital.

2. Voir D. Weston, *The Political Economy of Global Warming : The Terminal Crisis*, New York, Routledge, 2014, p. 65 : « Selon la théorie écologique de Marx, les humains vivent une relation "métabolique" avec la nature qui s'avère essentielle à leur survie. *Cette relation prend la forme du travail*, ce processus matériel par lequel les humains transforment les ressources brutes de la nature pour satisfaire leurs besoins matériels. […] Le concept [de métabolisme, concept] clé de la critique écologique du capitalisme formulé par Marx rend compte d'une déconnexion entre les systèmes sociaux et le reste de la nature. *La rupture métabolique est partie intégrante des rapports de production capitalistes.* » (nous soulignons).

CHAPITRE II

TRAVAIL ET COMPORTEMENT PRODUCTEUR

> Tout comportement humain – dans la
> mesure où l'on s'y occupe et préoccupe
> de quelque chose – est bien *travail* et
> *souci*.
>
> Martin Heidegger [1]

Dans *Être et Temps* de Heidegger, l'expression de *Werkwelt* (« monde de l'ouvrage » [2]) peut quasiment être considérée comme un hapax la mesure où ces occurrences, bien que significatives (comme on va le voir), sont finalement peu nombreuses : on ne compte pas plus de deux occurrences significatives de la *Werkwelt* dans l'œuvre de 1927 – au § 26, page 117 [3] de l'édition allemande

---

1. M. Heidegger, « L'étudiant allemand comme travailleur », dans Heidegger, *Écrits politiques, 1933-1966*, trad. fr. F. Fédier, Paris, Gallimard, 1995, p. 132.

2. Pour une étude profonde et exhaustive soulignant l'importance philosophique fondamentale de ce concept, je renvoie à Jean Vioulac, *L'époque de la technique. Marx, Heidegger et l'accomplissement de la métaphysique*, Paris, P.U.F., 2009, chap. 1, p. 28-57.

3. Et encore : cette occurrence de l'expression de *Werkwelt* disparaît quasiment dans la traduction française (par François Vezin) puisqu'elle est rendue par « le monde où l'artisan est à l'œuvre », au lieu de « monde de l'ouvrage » ou « monde du travail », M. Heidegger, *Être et Temps*, trad. fr. F. Vezin, Paris, Gallimard, 1986, p. 159.

chez Niemeyer [1], et au § 69 [2], page 352 de la même édition [3]. En revanche, si l'on se penche sur le cours de 1925 intitulé *Prolégomènes à l'histoire du concept de temps*, un cours qui contient un premier exposé de ce qui deviendra *Être et Temps*, du moins jusqu'au chapitre 3 de la Deuxième section, on est frappé par l'usage intensif que Heidegger y fait de la catégorie de « monde de l'ouvrage », *Werkwelt*. Et cet usage est très loin d'être philosophiquement anodin, ainsi qu'en témoigne cette proposition que l'on trouve au centre du § 23 intitulé « Mise en lumière positive de la structure fondamentale de la mondanéité du monde » :

> Nous soutenons que c'est à partir du monde spécifique de la préoccupation que le monde dans son ensemble fait encontre, que le monde ne se constitue pas dans sa mondanéité à partir des choses données de prime abord ou même des *data* sensibles, ni à partir de l'être toujours déjà là-devant d'une nature subsistant en soi [...]. La mondanéité du monde se fonde bien plutôt sur le monde spécifique de l'ouvrage [4].

Heidegger soutient ici la thèse selon laquelle le monde comme tel fait encontre à partir de la préoccupation et, de façon tout à fait explicite, il identifie le monde, la

1. Par « édition allemande », j'entends l'édition de *Sein und Zeit* chez Niemeyer à Tübingen. Nous renvoyons toujours à la pagination de cette édition.
2. Cette fois F. Vezin – mais une fois n'est pas coutume – traduit par « le monde de son travail », *op. cit*, p. 414.
3. L'*Index zu Heideggers 'Sein und Zeit'* (Tübingen, Max Niemeyer Verlag, 3. Auflage, 1980, p. 102), établi par Hildegard Feick, relève 4 occurrences supplémentaires : p. 69, p. 71, p. 354, p. 388 et p. 389 de l'édition Niemeyer de *Sein und Zeit*. Il suffit de se reporter au texte d'*Être et Temps* pour s'assurer que les références *significatives*, du point de vue philosophique, sont bien celles des pages 117 et 352.
4. M. Heidegger, *Prolégomènes à l'histoire du concept de temps*, trad. fr. A. Boutot, Paris, Gallimard, 2006, p. 281.

préoccupation et le monde de l'ouvrage ou du travail,
donnant l'un pour équivalent de l'autre, notamment dans
la formule « le monde de l'ouvrage, ce dont on se
préoccupe [1] », où la virgule vaut comme un « c'est-à-dire »,
ou encore dans la proposition suivante : « Nous caractérisons
le monde ambiant spécifique de la préoccupation comme
monde de l'ouvrage » [2]. Et c'est bien Heidegger lui-même
qui parle ici de « *la place centrale* [3] occupée par le monde
de l'ouvrage, [c'est-à-dire par] le monde ambiant de la
préoccupation dans la constitution de la structure de la
réalité du réel » [4].

Cette thèse de Heidegger a d'abord pour sens de récuser
l'idée selon laquelle il existerait d'abord une nature ou une
réalité objective, auxquelles la dimension du monde
viendrait en quelque sorte s'ajouter par après, en y étant
introduite par les *Dasein* (ou existants) humains. Selon
Heidegger, c'est l'inverse qui est vrai : ce qui existe de
prime abord comme monde, c'est le monde de la
préoccupation ou le monde de l'ouvrage [5], et c'est à
l'intérieur de celui-ci et seulement dans un second temps
que peut apparaître quelque chose comme ce que Heidegger
nomme « la nature-monde en tant que toujours déjà
subsistante » [6]. Tout se passe dans le texte de Heidegger
comme si c'était le monde de l'ouvrage qui donnait ou

---

1. M. Heidegger, *Prolégomènes à l'histoire du concept de temps*,
op. cit., p. 289.

2. *Ibid.*, p. 276.

3. Je souligne.

4. *Ibid.*, p. 276.

5. Cf. *ibid.*, p. 286 : « Le monde se fonde sur ce qui se trouve
primairement là en tant que pris en souci, sur l'être à disposition spécifique
du monde de l'ouvrage ».

6. *Ibid.*, p. 289 (je modifie la traduction en rendant *vorhanden* par
« subsistant » et non par « là-devant »).

conférait sa réalité, sa teneur en réalité au monde ambiant, à l'*Umwelt* comme monde de la préoccupation[1]. En ce sens, le monde de l'ouvrage est ce qui apprésente les choses : il apprésente bien sûr d'abord les choses en tant que *zuhanden*, c'est-à-dire en tant que choses maniables et utiles, destinées à un certain usage. Mais il n'apprésente pas seulement « les possibilités d'emploi de l'ouvrage » : le monde de l'ouvrage apprésente aussi « le monde au sein duquel vivent les utilisateurs et les consommateurs ».

C'est pourquoi – nous y reviendrons dans la suite – la *Werkwelt* est toujours d'emblée aussi une *Mitwelt*, ou ce que Heidegger appelle plutôt en 1925 un « monde public » ou commun : aussi Heidegger note-t-il que « ce monde public est toujours déjà là avec l'ouvrage, et c'est à partir de ce monde public que le monde de l'ouvrage fait encontre en un sens éminent »[2]. On peut regrouper en un premier ensemble ces différentes formes d'apprésentation effectuées par le monde de l'ouvrage : la chose utile pour faire l'ouvrage, l'ouvrage lui-même comme utile pour d'autres, le monde public où vient s'inscrire l'ouvrage lui-même.

Mais s'en tenir là serait oublier ce que Heidegger nomme « la deuxième direction d'apprésentation du monde de l'ouvrage »[3]. Cette seconde direction est celle qui va vers l'apprésentation du monde de la nature, c'est-à-dire vers « l'étant subsistant » (*vorhanden*), par opposition à l'étant maniable et utile, c'est-à-dire *zuhanden*. C'est bien à partir de et de l'intérieur du monde de la préoccupation

---

1. Heidegger mentionne lui-même « la fonction constitutive spécifique que joue la mondanéité du monde de l'ouvrage pour la "réalité" du monde ambiant » (M. Heidegger, *Prolégomènes à l'histoire du concept de temps*, *op. cit.*, p. 278).

2. *Ibid.*, p. 279.

3. *Ibid.*, p. 287.

et du monde de l'ouvrage que s'ouvre la dimension du monde de la nature comme monde de la présence subsistante : cette dimension s'ouvre notamment lorsque, par la chaussure qui est à produire, on est assigné au cuir, au fil et aux clous – et que, du cuir, on est renvoyé à « aux peaux elles-mêmes prises sur des animaux » ; la même dimension s'ouvre aussi si on part, non de l'ouvrage, mais de l'outil et que, du marteau, des tenailles et des clous, on est renvoyé à l'acier, au fer, au bronze, aux minerais et au bois [1]. Ici les renvois aboutissent, comme dit Heidegger, « à une chose du monde qui est toujours déjà là à partir d'elle-même pour le commerce préoccupé du produire » ou « à un étant qui, en un certain sens, n'a finalement pas besoin d'être produit pour la préoccupation » [2]. C'est en ce sens au « monde de la nature » que nous renvoie le monde de l'ouvrage, mais à « la nature entendue ici au sens de monde de ce qui est disponible, à la nature prise comme monde déterminé de produits naturels », et non pas à la nature comme « objet de considération », encore moins comme objet de connaissance et de théorie. Il s'agit là de ce que Heidegger nomme « l'être-subsistant de la nature en tant que monde ambiant » [3], et il est capital à ces yeux que cette mise à découvert de la nature à partir du monde du travail et de la préoccupation soit le sol et le fondement des autres rapports possibles à la nature, à commencer par le rapport d'ordre théorique.

Mais, ce qui est frappant dans le texte de 1925, c'est que la nature ou plutôt le monde de la nature est apprésenté à partir de la structure des renvois en tant que ceux-ci

1. Les exemples sont de Heidegger, *ibid.*, p. 280.
2. *Ibid.*, p. 280.
3. *Ibid.*, p. 289.

aboutissent finalement « à quelque chose qui est *toujours déjà subsistant* », « à quelque chose de constamment disponible […] et qui, dans sa présence bien spécifique, n'est pas destiné à quelqu'un en particulier, à un Dasein déterminé, mais […] est ce qui est déjà-là pour "*tout un chacun*" » [1]. En tant que disponible et subsistante pour personne en particulier et donc pour tout le monde, en tant qu'elle est, comme dit Heidegger, « ce dont *on* dispose de la même manière », la nature ou le monde de la nature n'est pas, en 1925, séparable du monde public, c'est-à-dire du *Mitwelt*.

Non seulement, donc, le monde du travail est ici un monde commun, mais il inclut en lui-même le monde de la nature comme une de ses dimensions essentielles : ce qui va retenir ici notre attention, c'est la manière dont ces trois dimensions – monde du travail, monde commun ou être-avec, et monde de la nature – vont petit à petit se trouver séparées et dissociées les unes des autres dans la période qui va de 1925 à 1934. On se demandera donc pourquoi le monde du travail a fini par être découplé du monde commun ou du monde du « Nous », et pourquoi également la compréhension du travail s'est muée en l'analyse d'un « comportement producteur » dont le rapport à la nature a fini par être compris comme fondamentalement négatif. L'hypothèse qui guidera nos analyses sera celle selon laquelle Heidegger aurait progressivement perdu de vue la dimension coopérative ou collaborative du travail, cette dimension qui lui permettait initialement non seulement de comprendre le monde du travail comme un monde commun et partagé, mais aussi d'inscrire la nature elle-même au sein de ce monde partagé.

1. M. Heidegger, *Prolégomènes à l'histoire du concept de temps*, *op. cit.*, p. 288.

Monde de l'ouvrage et être-avec

Pour aborder *Être et Temps*, partons de ce que Heidegger nomme « l'énoncé phénoménologique » selon lequel « l'exister est essentiellement être-avec » (« *Dasein ist wesenhaft Mitsein* »), en tant que cet énoncé possède « un sens existential ontologique » (§ 26, p. 120). L'être-avec appartient aussi essentiellement à l'exister que l'être-dans-le-monde, de sorte qu'il faut dire que l'être-dans-le-monde de tout Dasein est immédiatement et en même temps toujours un être-avec. C'est pourquoi, si « l'être-avec est une déterminité de tout Dasein », « l'exister-avec (*Mitdasein*) caractérise le Dasein des autres dans la mesure où cet exister-avec est rendu disponible pour un être-avec par le monde du Dasein » (§ 26, p. 121). Les Dasein sont immédiatement les uns pour les autres des exister-avec pour autant que chaque exister est caractérisé essentiellement par l'être-avec. De sorte que le Dasein ou l'exister qui est le mien est tout aussi bien un exister-avec pour les autres Dasein : « l'exister qui m'est propre, dans la mesure où il a la structure essentielle de l'être-avec, n'est exister-avec que comme se rencontrant pour d'autres » (§ 26, p. 121). Ainsi l'exister-avec des Dasein entre eux et les uns pour les autres n'a lui-même de sens que rapporté au fait qu'exister, pour un Dasein, c'est toujours déjà exister dans le monde. C'est en tant qu'être-dans-le-monde qu'il advient à chaque Dasein d'en rencontrer d'autres et d'exister-avec eux : « l'exister se comprend d'abord et le plus souvent à partir de son monde et l'exister-avec des autres se rencontre de multiples façons à partir de l'étant utile intérieur au monde (*aus dem innerweltlich Zuhandenen her*) » (§ 26, p. 120). Le monde dans lequel est le Dasein étant le monde en tant que le Dasein y a des choses à faire, les étants

auxquels le Dasein à affaire dans le monde sont d'abord
des choses utiles (*zuhanden*), c'est-à-dire des choses qu'il
utilise pour faire ce qu'il a à faire. Mais, dans le monde
ainsi compris, le Dasein entre tout aussi immédiatement
en rapport avec d'autres Dasein qu'il entre en rapport avec
des choses utiles : l'exister-avec les autres Dasein est tout
aussi immédiat que l'est la prise en main de l'étant qui est
utile à la tâche que j'ai à accomplir. C'est que la chose que
je prends en main, l'outil par exemple que j'utilise, me
renvoie aussitôt à un autre qui a fabriqué cet outil, de même
que la chose que je fabrique renvoie à un autre auquel je
la destine. C'est pourquoi l'autre est toujours d'emblée
pour moi un exister-avec : si je suis un artisan, l'autre est
celui que j'ai en réalité toujours déjà rencontré dès lors
que le meuble que je suis en train de fabriquer est un lit
destiné à ce que quelqu'un y dorme. Si je suis un professeur,
l'autre m'est également toujours déjà connu comme celui,
l'étudiant, auquel je destine mon enseignement.

Aussi est-ce précisément dans ce § 26, consacré à
l'éclaircissement de l'exister-avec et de l'être-avec
quotidien, que Heidegger rappelle, en continuité avec le
cours de 1925, que le monde est d'abord une « *Werkwelt* »,
un « monde de l'ouvrage ». Il rappelle ainsi que « la
"description" du monde environnant le plus immédiat, par
exemple celle du monde de l'ouvrage propre à l'artisan,
a abouti à montrer qu'avec l'outil qui se trouve dans le
travail sont co-rencontrés les autres auxquels l'ouvrage
est destiné ; dans le mode d'être de cette chose utile, c'est-
à-dire dans sa conformation, repose un renvoi essentiel à
de possibles porteurs de cette chose à la taille corporelle
desquels elle doit être ajustée » (§ 26, p. 117). Il faut donc
dire que dans le monde, en tant que dimension fondamentale
et structurelle de l'être même de l'exister ou du Dasein

comme tel, et dans le monde en tant qu'il est un monde de l'ouvrage, se rencontrent toujours d'emblée *à la fois* les étants qui, en tant qu'étants *zuhanden*, sont utiles à l'effectuation de l'ouvrage, et les autres Dasein avec lesquels ou pour lesquels l'ouvrage est à accomplir. « Le monde, écrit ainsi Heidegger, n'offre pas seulement les choses utiles (*das Zuhandene*) en tant qu'étants se rencontrant à l'intérieur du monde, mais aussi le Dasein, [savoir celui] des autres en leur exister-avec » (§ 26, p. 123). C'est en ce sens que l'être-dans-le-monde en tant qu'il se caractérise d'emblée comme un être préoccupé (*besorgt*) par l'ouvrage à accomplir et par les choses utiles à l'accomplissement de l'ouvrage, est tout aussi immédiatement un être-avec les autres, de sorte que ce n'est finalement qu'une seule et même chose que d'être-dans-le-monde avec un ouvrage à y réaliser (et des outils à utiliser) et d'y être avec les autres grâce auxquels, pour lesquels et avec lesquels l'ouvrage est à réaliser : « par suite, la mondanité ainsi constituée du monde – dans laquelle le Dasein se trouve essentiellement toujours déjà – laisse rencontrer l'utilisable environnant de telle manière que *l'exister-avec les autres est rencontré comme ne faisant qu'un avec cet utilisable* comme avec ce dont on se préoccupe » (§ 26, p. 123 ; nous soulignons).

Dans la mesure où dans le monde comme monde de l'ouvrage, l'exister rencontre toujours d'emblée les autres selon le mode de l'exister-avec, l'exister ne se trouve jamais devant l'autre comme devant un étant qu'il aurait à interpréter, à reconnaître ou à constituer comme un autre Dasein : pour le Dasein, l'autre est toujours d'emblée celui qui existe-avec lui, et non pas un étant dont il serait amené par interprétation, par intropathie ou par une quelconque autre démarche, à comprendre qu'il s'agit bien d'un autre Dasein. « Même lorsque les autres sont pris pour thème explicite en leur Dasein, [il n'en reste pas moins qu'] ils ne sont pas rencontrés comme des choses-personnes subsistantes (*als vorhandene Persondinge*), mais que nous les rencontrons "à l'occasion du travail" ("*bei der Arbeit*"), c'est-à-dire de prime abord dans leur être-dans-le-monde » (§ 26, p. 120). La représentation de l'autre comme d'un étant qui ne serait pas immédiatement un exister-avec, mais d'abord une sorte particulière d'étant subsistant qu'il faudrait que nous interprétions pour finir par comprendre qu'il s'agit d'un étant ou d'une chose particulière, à savoir une chose-personne, cette représentation ignore le fait que l'autre n'est justement jamais immédiatement un simple étant subsistant au comportement devant être interprété, ou que « les autres ne sont jamais d'abord présents à la manière de sujets flottants librement à côté d'autres choses » (§ 26, p. 123). Les autres, tels qu'ils se rencontrent d'emblée, ne sont jamais ni de simples étants subsistants, ni des « personnes » ou des « sujets » (c'est-à-dire des étants subsistants auxquels j'aurais fini par accorder ces caractères de « personnes » ou de « sujets »), mais ils sont ceux avec-lesquels-j'existe et dont le sens d'exister-avec m'est toujours immédiatement clair parce que j'ai des choses à *faire* avec eux : les autres « se montrent dans leur être préoccupé par le monde environnant à partir des choses utiles dans ce monde » (*ibid.*).

D'où la critique à laquelle Heidegger soumet ici toute démarche consistant à poser que l'accès à l'autre supposerait une démarche spécifique de reconnaissance grâce à laquelle je parviendrais à identifier et, précisément, à reconnaître parmi les étants subsistants un type particulier d'étant qui serait précisément autrui. « Dans la compréhension de l'être qui caractérise l'exister se trouve déjà, parce que son être est être-avec, la compréhension des autres ; ce comprendre, comme le comprendre en général, n'est pas une connaissance (*Kenntnis*) grandie à partir d'un reconnaître (*Erkennen*), c'est au contraire une manière d'être existentiale originaire qui rend avant tout possible le reconnaître et la connaissance » (§ 26, p. 123-124). La démarche qui pose que l'accès à l'autre comme tel suppose cette forme de connaissance qu'est la reconnaissance d'autrui prend les choses à l'envers : en réalité c'est la connaissance et la reconnaissance de l'autre qui supposent l'être-avec comme structure fondamentale de l'exister que je suis. « Le se-connaître se fonde sur l'être-avec qui comprend originairement » (§ 26, p. 124). Et seul cet être-avec originaire permet que je me rapporte à l'autre en le reconnaissant ou en ne le reconnaissant pas comme un autre. En d'autres termes, c'est sur la base de l'être-avec que je peux me rapporter à l'autre d'une manière *positive*, en le reconnaissant comme autre, ou d'une manière *déficiente* en le laissant être à côté de moi de façon indifférente et en ne le reconnaissant pas vraiment comme l'autre exister qu'il est.

ENGAGEMENT COMMUN
ET ÊTRE ENSEMBLE AU TRAVAIL

Il est remarquable que, selon Heidegger, ce soit encore dans le milieu du *travail* que se montrent le mieux et le plus immédiatement ces manières déficientes et non déficientes de se rapporter à l'autre. De même que l'être-dans-le-monde implique que nous nous rapportions aux étants de l'intérieur du monde non pas comme à des étants subsistants (*vorhanden*), mais comme à des choses utiles (*zuhanden*) dont nous nous préoccupons (*besorgen*), de même l'être-avec fait que nous nous rapportons toujours

déjà aux autres Dasein sur le mode fondamental de la
Fürsorge, c'est-à-dire du soucis-envers eux. Mais ce souci-
envers ou ce souci-pour les autres possède lui-même des
formes très variées, parmi lesquelles notamment des formes
très affaiblies et très déficientes. Ainsi « être sans l'autre,
passer l'un à côté de l'autre, ne rien demander à personne »
(§ 26, p. 121) n'ont pas le sens de l'absence de souci-envers
l'autre, mais sont des modalités déficientes et négatives
de ce souci : c'est le souci-envers l'autre sur le mode du
ne-pas-se-soucier de lui et donc de l'indifférence à son
égard. Heidegger remarque au passage que ce sont
précisément ces modes déficients du souci-envers l'autre
qui conduisent à le considérer comme étant d'abord un
étant subsistant parmi les autres et à se demander ensuite
comment s'y prendre pour reconnaître cet étant comme
particulier, c'est-à-dire comme un « sujet » ou une « chose-
personne »[1]. Mais je laisse cela et reviens au fait que c'est
à l'occasion du travail que peuvent être expérimentés aussi
bien les modes positifs que les modes déficients du souci-
envers l'autre.

  Concernant d'abord le mode déficient de l'exister-avec
l'autre et du souci-envers l'autre tel qu'on peut en faire
l'expérience à l'occasion du travail, voici ce que note
Heidegger : « un être-ensemble (*Miteinandersein*) provenant
de ce qu'on s'emploie au même secteur d'activité en reste
non seulement à des limites presque toujours extérieures,
mais parvient même au mode de la distance et de la réserve »
(§ 26, p. 122). Il s'agit là de l'expérience d'un milieu
professionnel ainsi organisé qu'il conduit soit à être

  1. M. Heidegger, *Être et Temps*, § 26, p. 121 : « Ces modes indifférents
de l'être-ensemble (*Miteinandersein*) ont tôt fait d'induire l'interprétation
ontologique à expliciter cet être [*i.e.* l'être de l'autre] en y voyant aussitôt
un pur être subsistant de plusieurs sujets ».

indifférent à l'autre qui travaille dans le même « secteur », soit à ne l'aborder qu'en restant sur le mode de la réserve à l'égard de quelqu'un qui est d'abord plus un concurrent qu'un partenaire. D'où le fait que « l'être-ensemble de ceux qui sont employés à la même tâche ne se nourrit souvent que de méfiance » (*ibid.*). On reconnaît là le type des relations professionnelles et des relations de travail reposant sur la méfiance, voire sur la défiance et la concurrence, ce type de relations que certaines méthodes managériales contemporaines ont eu précisément pour objectif d'instaurer et de généraliser en allant jusqu'à favoriser des comportements déloyaux entre collègues de travail dans un même atelier ou au sein d'un même service.

D'un point de vue heideggérien, des comportements et des pratiques de ce genre ne reposent pas sur l'absence de souci-envers l'autre, ils sont au contraire précisément des modalités de ce même souci, bien que ce soit des modalités non seulement déficientes, mais explicitement négatives : si ces pratiques ne relevaient que d'une simple absence de souci-envers l'autre, on ne passerait pas autant de temps et on ne consacrerait pas autant d'énergie à inventer des techniques servant à transformer les modalités positives du souci en modalités négatives, notamment en défaisant et en détruisant d'anciennes pratiques non pas même altruistes, mais simplement collaboratives et coopératives.

Cependant, un tout autre type de relations de travail est également possible qui engage au contraire une modalité non seulement positive, mais même « authentique » ou « propre » du souci-envers l'autre. Ainsi, « l'implication commune de chacun (*das gemeinsame Sicheinsetzen*) pour la même Chose est déterminée à partir du Dasein à chaque fois proprement ressaisi : seule cette façon *propre* d'être relié les uns avec les autres rend possible la manière véritable d'accéder à la Chose qui rend l'autre, en sa liberté, libre pour lui-même » (§ 26, p. 122).

L'expression de « *gemeinsame Sicheinsetzen* », d'engagement en commun ou d'implication commune, est introduite par Heidegger par opposition au simple « *Miteinandersein* », c'est-à-dire par opposition au simple « être ensemble ». L'être-ensemble est clairement un mode déficient de l'être-avec, il est un simple être-les-uns-à-côté-des-autres et le fait que cet être-les-uns-à-côté-des-autres ait lieu dans un bureau, dans un atelier ou dans un service ne change rien au fond : ce serait la même chose s'il s'agissait d'être-les-uns-à-côté-des-autres dans une salle de restaurant ou dans une file d'attente. Quand le lieu de cet être-les-uns-à-côté-des-autres est un lieu de travail (un bureau, un atelier), ce mode déficient de l'être-ensemble n'en est pas pour autant modifié : l'autre qui est à côté de moi m'est tout aussi indifférent dans le premier cas que dans le second. Et c'est là toute la différence entre, d'une part, l'être-avec l'autre indifférent à lui et le soucis-envers lui tout aussi indifférent tels qu'ils caractérisent l'être-ensemble comme simple être-les-uns-à-côté-des-autres et, d'autre part, l'authentique souci-envers l'autre tel qu'il apparaît quand il y a « implication commune » dans une Chose qui est une tâche que l'on ne peut accomplir qu'en commun et dont on ne peut venir à bout que collectivement.

Il est clair que l'être-ensemble comme simple être-les-uns-à-côté-des-autres et comme mode déficient aussi bien de l'être-avec que du souci-envers l'autre relève du On : « On » aura ainsi tôt fait de dire que « l'On travaille ensemble dans ce service, mais que ça ne va pas plus loin, et que, lorsque ce ne sera plus lui mon collègue, un autre prendra sa place et "On" travaillera ensemble aussi ». Il en va en revanche tout autrement quand il s'agit de l'implication commune envers la Chose qui est une tâche collective qu'il ne nous est possible d'accomplir et dont nous ne viendrons à bout que si l'on se lie positivement les uns aux autres : significativement, il nous faut dans ce cas dire « Nous », et non plus « On ». Mais il faut aussitôt remarquer que le passage au Nous ne veut pas seulement et pas d'abord dire que les liens seraient plus forts et plus resserrés entre les membres du Nous qu'entre les composants du On, au sens où il y aurait entre les premiers une solidarité qu'il n'y a pas entre les seconds. Ce n'est pas faux, mais l'essentiel n'est pas là. L'essentiel est pointé par Heidegger quand il écrit que « seule cette façon *propre* d'être relié les uns avec les autres rend possible la manière véritable d'accéder à la Chose qui rend l'autre, en sa liberté, libre pour lui-même ». L'implication commune dans la tâche collective est telle qu'elle rend manifeste le rôle indispensable de chacun (et donc ouvre à chacun la possibilité de dire proprement « Je »), en tant que chacun ne rend possible l'accomplissement de la tâche commune que parce qu'il en prend une part absolument singulière et, à ce titre, parfaitement indispensable.

C'est en ce sens que, dans le Nous et à la différence de ce qui se passe dans le On, l'autre n'est plus celui qui est simplement à côté de moi, qui m'indiffère et qui peut parfaitement être remplacé par un autre : ici l'autre est un partenaire indispensable en tant qu'il est précisément et singulièrement celui qu'il est, avec ses qualités et son savoir-faire qui le rendent proprement irremplaçable eu égard à la tâche qui est à accomplir. Il faut que ce soit *lui*, et pas un autre parce qu'un autre ne ferait pas comme lui ni aussi bien que lui : en ce sens, l'autre est rendu ici à sa singularité propre et par là aussi, comme le dit Heidegger, à sa liberté telle qu'elle consiste en la contribution qu'il apporte de lui-même à une tâche à l'effectuation de laquelle il est indispensable qu'il participe en tant que lui-même (à la fois en s'y sentant requis et en y adhérant librement), et non en tant que représentant d'un genre et d'un groupe qui sont eux-mêmes sur le mode du « On ». *Ici*, pour cette tâche *là*, ce n'est pas d'un charpentier ou d'un architecte *en général* qu'on a besoin, mais c'est *ce* charpentier *là*, *cet* architecte *là* qui est requis parce qu'on sait précisément de quoi il est capable singulièrement.

Au § 26 d'*Être et Temps*, Heidegger approche donc de ce que serait la modalité *propre* de l'être-avec et du souci-envers les autres à partir d'un « *gemeinsames Sicheinsetzen* », d'un « engagement commun » ou d'une « implication commune » dans une tâche collective qui est clairement identifiée comme un *travail* dont la modalité ne peut être en l'occurrence que collaborative et coopérative. D'une façon qui reste encore largement implicite en 1927, il semble que ce soit à partir de la *Werkwelt*, du monde de l'œuvre que Heidegger envisage alors la possibilité d'une modalité *propre* de l'être-avec qui, en tant que telle, ne relève précisément pas du mode déficient de l'être-ensemble (*Miteindandersein*) et donc pas du simple On, mais bien du Nous comme d'un Soi qui rassemble et réunit les Je à partir de la part irréductible et singulière que chaque Je prend librement à l'œuvre commune : il y a, dans « l'implication commune » qu'exigent la tâche et l'œuvre à accomplir, une « façon propre d'être relié les uns avec les autres » telle qu'elle « rend l'autre, en sa liberté, libre pour lui-même » (§ 26, p. 122).

Ceci étant posé, si, d'*Être et Temps*, nous passons à un autre texte de Heidegger dans lequel le travail joue un rôle éminent, à savoir le cours de 1934 intitulé *La logique comme question en quête de la pleine essence du langage*[1], nous ne pouvons qu'être frappés par la déconnexion qui s'y opère entre la compréhension du travail et celle du Nous comme réponse authentique à la question « qui ? ».

L'ÊTRE-AVEC DU TRAVAIL *VERSUS* LE NOUS DU PEUPLE

D'un côté, le lien entre le travail et l'être-dans-le-monde est encore plus marqué en 1934 qu'il ne l'était en 1927[2] : « être transporté au cœur des choses est constitutif de notre être » et c'est « en tant que travaillant » que « l'homme est transporté dans la manifesteté de l'étant », de sorte que « le défaut de travail vide de sens notre être-transporté-dans-les-choses » (p. 182), dans la mesure où « être sans travail (*die Arbeitslosigkeit*) revient à être exposé au-dehors sans plus rien pouvoir faire » (p. 183). Ainsi compris, c'est-à-dire compris de façon propre ou authentique, le travail effectue la contestation en acte de la représentation des « Je » comme de sujets individuels subsistants séparément les uns des autres et que le travail rassemblerait selon la modalité impropre d'un simple être-ensemble au

---

1. Traduit par Frédéric Bernard, Paris, Gallimard, 2008 (les pages indiquées renvoient à cette édition). Pour le texte allemand : M. Heidegger, *Gesamtausgabe*, II. Abteil. : Vorlesungen 1919-1944, Band 38 : *Logik als die Frage nach dem Wesen der Sprache*, Freiburger Vorlesung Sommersemester 1934, hrsg. von Günter Seubold, Frankfurt a. M., Vittorio Klostermann, 1998.

2. Jean Vioulac a fort bien vu que le cours de 1934 réitère « la mise hors-jeu du théorique, mais cette fois au profit explicite du travail » (J. Vioulac, *L'époque de la technique. Marx, Heidegger et l'accomplissement de la* métaphysique, *op. cit.*, p. 67).

sens du *Miteinandersein* : « que le Dasein soit transporté dans le présent du travail […], c'est quelque chose qu'on ne peut pas entendre en restant dans l'optique de l'étant subsistant de sujets individuels qui sont dotés d'un intérieur, autour du quel il y aurait aussi quelque chose à l'extérieur » (p. 184). C'est bien de ce que *Être et Temps* appelait une « implication commune » qu'il s'agit dans le travail, bien que Heidegger utilise désormais la seule expression de *Miteinandersein*, d'être-ensemble qu'il réservait en 1927 aux façons impropres d'être assemblé. Néanmoins, Heidegger rappelle dans le texte de 1934 l'essentiel de son analyse de l'être-avec (*Mitsein*) en expliquant que « l'être-ensemble (*das Miteinandersein*) les uns avec les autres ne se fonde pas sur le fait qu'il y ait plusieurs hommes, mais, à l'inverse, plusieurs hommes peuvent être en communauté (*in Gemeinschaft*) parce que être homme dès le départ veut dire : être-ensemble les uns avec les autres […], de sorte que ce rapport ne s'évanouit pas quand un homme est tout seul » (p. 184). Être-ensemble les uns avec les autres est donc structurellement constitutif de l'être-homme ou du Dasein, mais de telle sorte que cet être-avec ou être-ensemble repose et se fonde en dernière instance sur le travail : « le travail, écrit Heidegger, n'a pas besoin, pour s'accomplir mieux, du travail des autres, comme si c'en était là un trait complémentaire, mais c'est à l'inverse le travail qui, en tant que comportement fondamental (*Grundverhalten*) de l'homme, est le fondement de la possibilité d'être-ensemble les uns avec les autres et les uns pour les autres » (p. 185).

La thèse est ici d'une radicalité bien plus grande et forte que dans *Être et Temps* : là où, en 1927, le travail *pouvait* réaliser proprement ou authentiquement l'être-avec à condition qu'il s'agisse d'une « implication commune » dans une œuvre collective, c'est désormais le travail qui fonde l'être-avec ou l'être-ensemble les uns avec les autres. Le rôle central et même fondateur de la *Werkwelt*, qui n'était qu'implicite en 1927, devient maintenant parfaitement explicite – ou plutôt il le redevient, si l'on songe au cours de 1925 dont nous étions partis. C'est parce que les hommes sont essentiellement des êtres travaillant qu'ils sont aussi structurellement les uns avec les autres et les uns pour les autres : « le travail *en tant que tel*, même lorsqu'il est fait par un seul individu, transporte l'homme dans l'être-avec [1] l'autre et pour l'autre » (p. 185 ; je souligne).

Mais cette radicalisation dans la compréhension de l'essence du travail, désormais posée au fondement de l'être-avec, a un prix. D'un côté, on ne peut que constater la disparition en 1934 de la distinction que Heidegger faisait encore dans *Être et Temps* entre des travaux qui effectuent ou réalisent l'être-avec de façon propre, sous la forme d'un agir véritablement collaboratif ou coopératif, et des travaux qui ne mettent en œuvre que des modalités dégradées et déficientes de l'être-avec : c'étaient les travaux qui non seulement ne suscitent pas « l'implication commune dans la même tâche », mais qui instaurent la « distance » entre les individus, voire cultivent entre eux la « réserve » (§ 26, p. 122) et la défiance réciproques. Cette distinction n'existe plus en 1934 : le travail *comme tel* et donc *tous* les travaux *sans distinction* semblent désormais être à même de fonder et de donner lieu à un être-avec authentique et propre des Dasein.

---

1. Ici Heidegger réutilise bien le terme *Mitsein*, auquel celui de *Miteinandersein* est devenu équivalent – ce qui n'était pas le cas dans *Être et Temps* où le *Miteinandersein* était un mode déficient et défaillant du *Mitsein*, une façon d'être simplement assemblé sans implication commune.

C'est un prix déjà élevé sur le plan théorique, dans la mesure où cette position ne permet plus d'effectuer la critique de certains travaux ou de certaines modalités du travail et de la mise au travail au motif qu'elles seraient des modalités qui font obstacle à l'être-avec en détruisant les possibilités d'un travail coopératif et collaboratif. Ce que Heidegger critique en 1934, c'est l'absence de travail, le défaut ou le manque de travail et donc le chômage (c'est bien d'*Arbeitslosigkeit* qu'il parle [1]) – et non plus les formes dégradées et déficientes de travail.

Mais il y a encore un autre aspect frappant des analyses du cours de 1934 : c'est que la conception du travail, qui le met pourtant désormais explicitement au fondement de l'être-avec, y est déconnectée de la compréhension du « Nous ». Alors que l'analyse du Nous comme réponse à la question « Qui ? » est au cœur des analyses de Heidegger dans le cours de 1934, et alors même que, dans ce même cours, il fait du travail le fondement de l'être-avec, il n'effectue pas la connexion entre ces deux analyses, celle du Nous et celle du travail. La chose est d'autant plus frappante et troublante que Heidegger analyse dans ce cours le concept de « peuple » en lien avec le « Nous »,

---

1. On peut d'ailleurs s'étonner du choix du traducteur de ne pas rendre *Arbeitslosigkeit* par « chômage » et de lui préférer l'expressions de « défaut de travail » : l'usage du terme d'*Arbeitslosigkeit* est pourtant loin d'être anodin dans l'Allemagne du début des années 30. Il est vrai que le chômage possède pour Heidegger une portée proprement ontologique, mais il n'est pas certains que cette portée justifie de traduire la *Arbeitslosigkeit* par le « défaut de travail » (comme si, en quelque sorte, parler simplement de « chômage » ne faisait pas assez « sérieux ») : parce que « le chômage vide de sens notre être-transporté-dans-les-choses », « parce que le travail accomplit la relation à l'étant, être chômeur (*arbeitslos*) revient à rendre vide cette relation à l'être » (M. Heidegger, *La logique comme question en quête de la pleine essence du langage*, *op. cit.*, § 27, b, p. 182).

en posant notamment la question de savoir *qui* est ce peuple que nous sommes (§ 12 et 13). Contrairement à ce à quoi on aurait pu s'attendre, Heidegger ne recourt en rien aux analyses que Hegel avait lui aussi consacrées au « peuple », à la « vie du peuple » et qui lui avaient permis, dans la *Phénoménologie de l'esprit*, de trouver une réponse à question du « Qui ? » du peuple en comprenant la vie du peuple ou la « vie éthique » comme étant l'œuvre et le produit du travail « de tous et de chacun ». Là où ses propres analyses du travail comme fondement de l'être les uns avec et pour les autres auraient pu lui permettre de comprendre le peuple comme « le Nous qui est un Je et le Je qui est un Nous » (selon l'expression fameuse de Hegel dans la *Phénoménologie de l'esprit*), Heidegger laisse au contraire de côté cette conception *collaborative* ou *coopérative* de la vie du peuple, et il lui substitue une conception *décisionniste* dont on serait bien en peine de trouver la moindre trace chez Hegel.

« La question "qui est *ce* peuple que nous sommes nous-mêmes ? » est, écrit Heidegger, une question de décision (*eine Entscheidungsfrage*) » (p. 87), ou encore : « le nous n'est pas un regroupement de personnes en une simple somme, le nous est quelque chose qui relève de la décision » (p. 76). Où l'on est tenté de dire à Heidegger que le travail tel qu'il l'interprète pourtant lui-même, à savoir comme fondement de l'être-avec, et l'être-avec tel qu'il le thématise comme dimension structurelle de l'être de l'homme, auraient parfaitement suffi à comprendre que le Nous ne soit pas « un regroupement de personnes en une simple somme », et que, donc, il est parfaitement inutile d'introduire ici (en 1934) le thème de la décision, sauf à avoir des motifs politiques de le faire. Mais sans doute ce choix de mettre la décision au fondement du Nous a-t-il été le prix à payer pour avoir fait sauter toute possibilité de distinguer entre des travaux qui réalisent et accomplissent l'être-avec, et des travaux déficients qui lui font obstacle, voire qui détruisent l'être les uns avec et pour les autres et qui, par suite, rendent incapable de penser un Nous que Je suis et un Je que Nous sommes.

LA « FIGURE DU TRAVAILLEUR »

La question est alors de savoir pourquoi Heidegger a abandonné la possibilité de penser le Nous, en réponse à la question « Qui sommes-nous ? » ou « Qui est ce peuple que nous sommes ? », à partir du travail saisi dans sa dimension proprement coopérative ou collaborative. Pourquoi faire désormais reposer l'appartenance au Nous et le Nous lui-même sur une décision, et non plus sur le travail et la possibilité qu'il porte d'un être-avec propre comme « implication commune » et comme coopération ? D'où vient que Heidegger, en déconnectant son analyse du Nous de celle du travail, se prive lui-même de toute possibilité de distinguer entre des modalités du travail qui accomplissent effectivement et proprement l'être-avec et des modalités qui le détruisent ? Je pense qu'il y a deux éléments de réponse. Le premier est à chercher du côté de la publication de *Der Arbeiter* de Jünger en 1932 et du « choc »[1] qu'a été cette lecture pour Heidegger : si Heidegger a attendu le semestre d'hiver 1940 pour consacrer un séminaire au livre de Jünger, il l'a cependant lu dès sa

---

1. Selon le terme de Julien Hervier dans son avant-propos à sa traduction de la correspondance entre Jünger et Heidegger : E. Jünger et M. Heidegger, *Correspondance 1949-1975*, trad. fr. J. Hervier, Paris, Christian Bourgois, 2010, p. 8.

parution et lui a consacré une quantité de notes qui remplissent un volume complet de la *Gesamtausgabe*[1].

La construction par Jünger de la *figure* du « travailleur » comme figure qui, lorsqu'elle mobilise la matière, engendre « la technique » et qui, lorsqu'elle se saisit de l'homme, engendre le « type du travailleur »[2] comme type totalisant qui prend la relève à la fois de l'individu bourgeois et des masses du XIXᵉ siècle, la construction de cette figure, donc, conduit Jünger d'une simple centralité du travail à une absolutisation métaphysique du travail dont l'influence sur Heidegger peut expliquer à la fois qu'il puisse, en 1934, faire du travail le fondement de l'être-avec et, en même temps, qu'il soit devenu indifférent à la diversité des modalités sous lesquelles s'accomplit l'activité de travail, selon qu'il s'agit par exemple de la modalité de la coopération et de l'association, ou de la modalité de l'indifférence voire de la concurrence entre travailleurs. Sans doute Heidegger n'a-t-il pas été indifférent au passage du *Travailleur* dans lequel Jünger explique que l'*association* – cette idée fondatrice du socialisme – est une idée du XIXᵉ siècle qu'on ne peut maintenir au XXᵉ quand les

---

1. M. Heidegger, *Gesamtausgabe, IV. Abteilung : Hinweise und Aufzeichnungen*, Band 90, *Zu Ernst Jünger*, hrsg. von Peter Trawny, Frankfurt am Main, Vittorio Klostermann, 2004. Voir, entre autres nombreuses références de Heidegger au *Travailleur* de Jünger, celle qu'on trouve dès l'allocution de novembre 1933, « L'étudiant allemand comme travailleur » : « *Ernst Jünger* (…), partant d'une compréhension inventive et féconde de la pensée de Nietzsche, et s'appuyant sur l'expérience qui fut la sienne des batailles de matériel durant la guerre mondiale, a laissé présager comme mode d'être qui commence à poindre pour l'homme du siècle prochain celui qu'incarne la *figure* unique du travailleur » (dans M. Heidegger, *Écrits politiques, 1933-1966*, trad. fr. F. Fédier, Paris, Gallimard, 1995, p. 133).

2. E. Jünger, *Le travailleur*, trad. fr. J. Hervier, Paris, Christian Bourgois, 1989, p. 220.

fonctions des travailleurs leur sont assignées à la façon d'un destin par la puissance anonyme de la technique[1].

L'imposition de la « figure du travailleur » produit un effet d'indistinction qui rend aveugle ou indifférent aux conditions spécifiques dans lesquelles le travail s'accomplit : la tendance est de dire que ces conditions sont désormais partout les mêmes, du champ de bataille de la guerre de matériel jusqu'à l'usine taylorisée, en cela même que le type du travailleur les rassemble, les unifie et les totalise. L'opposition n'est plus entre différents types de travaux, par exemple entre des travaux qui accomplissent l'être-avec et des travaux qui le mutilent et l'aliènent, mais entre le travail et le non-travail, cette opposition tendant à recouvrir celle entre ce qui est humain et ce qui ne l'est pas, dans la mesure où, comme Heidegger l'explique dans le cours de 34, les animaux ne travaillent pas mais sont « attelés à des événements de travail de l'homme »[2]. On comprend alors que le pire selon Heidegger en 1934 soit désormais le non-travail, la *Arbeitslosigkeit*, l'absence ou la perte du travail, et non plus un travail qui ne permet aucun « *gemeinsames Sicheinsetzen* », aucun « engagement commun », selon l'expression utilisée à l'époque d'*Être et Temps*.

Mais sa lecture du *Travailleur* a conforté Heidegger également dans une autre tendance qui était déjà présente dans sa pensée, dès *Les problèmes fondamentaux de la phénoménologie* (cours du semestre d'été 1927), une tendance qui devait le conduire à sa thématisation plus tardive de la technique, celle-ci étant au demeurant elle-même très redevable à l'influence de Jünger. Ce qui

---

1. E. Jünger, *Le travailleur, op. cit.*, p. 157.
2. M. Heidegger, *La logique comme question en quête de la pleine essence du langage, op. cit.*, § 25, p. 159.

apparaît dans le cours de 1927 et qui vient en quelque sorte court-circuiter à la fois la thématique du travail et celle du monde comme *Werkwelt*, c'est l'analyse de ce que Heidegger nomme le « comportement producteur ».

Ce thème du comportement producteur ou de l'attitude productrice engendre un triple effet de réduction du travail à la production, d'occultation de la dimension de l'être-avec et d'homogénéisation du travail sous l'intitulé unique de « la production », une homogénéisation qui rend difficile, voire impossible de distinguer ensuite entre des travaux qui maximisent l'être-avec et des travaux qui l'entravent ou le nient.

LE COMPORTEMENT PRODUCTEUR

Pour bien interpréter ce qu'Heidegger entend par comportement producteur et, surtout, par les effets de celui-ci, il faut repartir de l'idée selon laquelle, comme le dit Heidegger dans le cours de 1927, « en réalité le Dasein ne se trouve nulle part ailleurs que dans les choses elles-mêmes et justement dans celles qui quotidiennement l'entourent » [1]. Cela signifie que le Dasein ne se trouve pas lui-même ni ne se découvre lui-même en faisant retour sur lui-même et en revenant à sa supposée intériorité : au contraire, le Dasein « *se trouve* primairement et constamment *dans les choses*, parce que le Dasein qui s'en occupe [...] repose toujours en quelque façon dans les choses; [...] chacun est ce à quoi il s'affaire, ce dont il se préoccupe; [...] on se comprend soi-même, on comprend son existence quotidienne en fonction de ce à quoi on s'affaire et de ce

---

1. M. Heidegger, *Les problèmes fondamentaux de la phénoménologie*, trad. fr. J.-Fr. Courtine, Paris, Gallimard, 1985, p. 197.

dont on se préoccupe » [1]. Pour savoir ce qu'il est, ou plus exactement *qui* il est, le Dasein n'a qu'à regarder les choses dont il se préoccupe : c'est toujours des choses mêmes auxquelles il a affaire que le Dasein apprend qui il est. Le soi qu'il est, le type de Soi qu'il est *se reflète* sur les choses dont il se préoccupe : « dans la mesure, écrit Heidegger, où le Dasein s'adonne immédiatement et passionnément au monde, son ipséité propre se réfléchit sur les choses » [2]. C'est donc des choses dont on se préoccupe qu'on apprend qui on est, ou bien : le Soi que je suis m'est renvoyé à moi-même par et depuis les choses auxquelles je m'affaire. C'est à partir des choses que, selon les termes de Heidegger, « nous sommes révélés à nous-mêmes dans notre ipséité » [3].

Très intéressant est ici l'exemple que donne Heidegger : « prenons, dit-il, un exemple très simple, celui de l'artisan dans son atelier, tout à ses outils, à son matériau, attentif à l'œuvre à produire, en un mot à ce qui le préoccupe » [4]. Nous avons donc là l'exemple d'un travail, en l'occurrence le travail artisanal du cordonnier : pas de collectif de travail ici, pas de coopération, mais un travail solitaire dans l'atelier, aux prises avec une matière et manipulant des outils. Dire que le Dasein se rencontre et se trouve lui-même à partir des choses dont il se préoccupe ne veut évidemment pas dire que « le cordonnier [serait] la chaussure, et pas davantage le marteau, le cuir, le fil, l'alène ou la pointe ». La question est donc de savoir quel sens cela a de dire que le cordonnier « se trouve [lui]-même dans et parmi ces choses », qu'il « *se* comprend à partir

1. M. Heidegger, *Les problèmes fondamentaux de la phénoménologie*, *op. cit.*, p. 197.
2. *Ibid.*
3. *Ibid.*
4. *Ibid.*

de celle-ci » [1]. Or ces choses sont des matières (cuir, fil)
et des outils (marteau, alène et pointe) pour une tâche qui
est celle de produire un ouvrage ; ce que le Dasein apprend
de ces choses, c'est qu'il est un producteur et qu'il se
comporte de manière productive. Ce qu'il apprend, c'est
qu'il faut qu'un certain nombre de choses *subsistent* pour
qu'il puisse déployer son activité productive : il faut la
subsistance d'une matière que l'usage des outils permet
de modifier, de transformer pour faire de cette matière un
produit achevé qui soit une chose à son tour utile.

Dire que le Dasein comprend son propre Soi à partir
des choses auxquelles il a affaire signifie donc que le
Dasein animé du comportement producteur aura tendance
à s'attribuer à lui-même la modalité de l'être présent et
subsistant. Ce qui ne veut évidemment et surtout pas dire
que le cordonnier s'attribue à lui-même le mode d'être de
la chaussure ou du cuir, mais qu'il a tendance à s'attribuer
à lui-même un mode d'être permanent et subsistant qui est
aussi celui qu'il attribue à la matière qu'il travaille et au
produit fini ou achevé de son travail. C'est cela que
Heidegger veut dire lorsqu'il écrit que « le comportement
productif, de par son orientation propre et le sens de sa
compréhension, implique de prendre ce en vue de quoi il
se rapporte en tant que comportement de production,
comme quelque chose qui, dans et par le produire, doit
être présent-subsistant (*vorhanden*) *en lui-même*, au sens
de quelque chose d'achevé » [2]. Et cette sorte de
compréhension de la chose qui est le fait du Dasein animé
du comportement producteur, à savoir la compréhension
qu'il en a comme d'un étant subsistant n'est pas quelque

1. *Ibid.*, p. 198.
2. *Ibid.*, p. 143.

chose qui se forme à la fin du procès de production, quand la chose est effectivement produite, achevée, et qu'elle se détache du producteur : cette compréhension est présente dès le départ en tant qu'elle se rapporte à la chose comme étant « à produire » comme telle. Son détachement du procès de production, son repos en elle-même comme chose achevée subsistant en elle-même sont en vérité présents et anticipés dès le départ, du fait même que la chose est « à produire », et donc « à achever ».

Mais cela va plus loin encore : la compréhension d'une chose comme étant à produire implique et suppose la compréhension de ce qui *n'*est *pas* à produire, de ce qui ne peut l'être parce qu'il est déjà là et parce que sa subsistance est nécessaire à la production. Il faut donc nécessairement que l'être subsistant ne soit pas seulement celui, à la fin de la production, de la chose achevée, mais qu'il soit aussi celui de la matière ou du donné naturel comme de ce qui est indispensable à et présupposé par la production comme sa condition de possibilité. « En d'autres termes, comme le dit Heidegger, seule la compréhension de l'être inhérente au comportement de production, et par conséquent la compréhension de ce qui n'a pas à être produit, peuvent donner le jour à cette compréhension de l'étant qui est en soi présent-subsistant, *préalablement* à toute production et *en vue d'*une production ultérieure »[1].

La réinterprétation du travail à partir du comportement producteur conduit Heidegger à focaliser son attention sur l'ontologie implicitement portée par ce comportement, et à interpréter cette ontologie comme celle qui comprend l'être de l'étant comme présence et subsistance, comme *Vorhandenheit*. On peut voir dans ces analyses l'acte de

---

1. M. Heidegger, *Les problèmes fondamentaux de la phénoménologie, op. cit.*, p. 146-147.

naissance du motif philosophique qui conduira Heidegger à la critique de l'arraisonnement technique, mais j'y vois surtout, dans l'immédiat, l'occultation de possibilités qui avaient pourtant été ouvertes par *Être et Temps*, à commencer par la compréhension du travail comme inséparable de l'être-avec, sans parler de la possible distinction entre les types d'être-avec, propre et non-propre, que le travail est toujours susceptible d'engendrer.

Être et Temps avait pourtant mis en avant l'idée que le travail est toujours une *Zusammenarbeit*, et que cette *Zusammenarbeit* peut être propre ou non-propre selon qu'elle repose ou non sur un engagement commun compris comme la modalité propre du souci dans l'être-ensemble au travail : c'est cette dimension-là du travail, celle qui fait de lui un agir ensemble ou une co-activité, qui s'efface dès lors que l'accent est mis sur le comportement producteur. On perd ainsi de vue que le monde est toujours une *Werkwelt*, un monde du travail et de l'ouvrage, selon une expression dont il n'est pas anodin de constater qu'elle disparaît dès *Les problèmes fondamentaux de la phénoménologie* – de même que s'y estompe l'idée que le monde, qui est une *Werkwelt*, est toujours aussi bien une *Mitwelt*, un monde commun et partagé. Dans le monde comme monde du travail et de l'ouvrage, comme *Werkwelt*, on est toujours déjà avec les autres : les autres y sont toujours déjà co-présents comme ceux avec lesquels je travaille, mais aussi comme ceux auxquels je destine le produit de mon travail, ou encore comme ceux dont le travail a déjà produit les outils et les savoir-faire que j'utilise à mon tour. En ce sens, notre être dans le monde du travail est toujours un *y* être *ensemble* qui ouvre la double possibilité d'un être ensemble propre et d'un être ensemble non-propre : le monde du travail est ainsi possiblement le monde ouvrier, celui de l'usine et de la société industrielle, celui de la division technique et de la division sociale du travail.

Le comportement producteur, en revanche, est foncièrement un comportement solitaire, un affrontement solitaire du travailleur-artisan avec la matière du travail à l'aide des outils de travail : l'analyse du comportement producteur peut se faire dans l'ignorance la plus complète de la dimension de l'être-avec et de l'être-ensemble. Ce monde-là est celui de l'artisan, de l'atelier et de l'établi. Le Dasein du comportement producteur n'est plus un *Mitdasein* : il existe, mais il ne coexiste pas, de sorte qu'en sa dimension technique, le comportement producteur néglige et laisse de côté l'être-avec qui, au contraire, était décisif dans la pensée du monde de l'ouvrage et du travail.

Il s'est produit ainsi, dans la pensée de Heidegger, un divorce entre, d'une part, sa conception du travail et du *Mit-sein*[1], et d'autre part, sa conception du Nous comme

---

1. Ce lien là, entre travail et *Mitsein*, est bien toujours maintenu dans le cours de 1934 : « Le travail, en tant que comportement fondamental de l'homme, est le fondement de la possibilité d'être ensemble les uns avec les autres et les uns pour les autres. Le travail en tant que tel, même lorsqu'il est fait par un seul individu, transporte l'homme dans l'être-ensemble avec l'autre et pour l'autre » (M. Heidegger, *La logique ...*, *op. cit.*, § 27, b, p. 185). En revanche, ce n'est plus avec le Nous que le travail est en relation, mais avec la « décision » et la « résolution » : M. Heidegger pose désormais que le Nous « est quelque chose qui relève de la décision » (*ibid.*, § 13, p. 76), et donc pas de la collaboration ni de la coopération dans le travail, de sorte que le travail peut à son tour être compris comme une forme de cette décision, en l'occurrence celle d'un « se mettre à l'œuvre » de façon résolue en vue d'accomplir la vocation qui est la nôtre (*cf.* § 15, b, p. 95 et surtout § 24, b, p. 153 : « le travail, c'est ici la vocation devenue détermination résolue de notre essence à sa vocation »). Jean Vioulac a parfaitement raison de faire le lien entre ce cours de 34 et un autre texte de la même année, d'apparence plus anecdotique, l'article intitulé « Pourquoi restons-nous en province ? » dans lequel Heidegger justifie son refus de rejoindre l'université de

Soi collectif propre. On comprend dès lors, d'une part, que la question du Nous puisse être traitée en 1934 sans lien avec le travail, et que le Nous, cessant ainsi d'être une affaire de collaboration, de *Mitarbeiten*, puisse du coup devenir une affaire de décision ou de résolution. Et on comprend aussi, d'autre part, que Heidegger puisse désormais proposer une analyse du travail *en général*, sans plus faire aucune différence entre, d'une part, des formes de travail reposant sur un engagement commun et sur une forme propre de *Fürsorge*, de souci mutuel, et, d'autre part, des formes de travail qui détruisent au contraire de telles conditions. Et c'est ce qui explique aussi que le travail ne soit désormais plus pour Heidegger qu'un moyen mis au service de la mobilisation résolue de la communauté populaire : ce qui devait immanquablement le conduire, dans le *Discours de rectorat*, à faire l'éloge du « *Arbeitsdienst* », du « service du travail », une institution paramilitaire nazie d'embrigadement idéologique des jeunes entre 16 et 18 ans, entièrement entre les mains des SA[1].

Berlin. Ce texte confirme le tournant pris dans la conception du monde du travail (qui devient d'ailleurs ici *Arbeitswelt* et non plus *Werkwelt*) : le travail rend possible l'expérience de la solitude (qui n'est pas celle de l'isolement, réservée aux citadins), il apparaît essentiellement lié à une vocation et à une résolution, celle de dire « Non ! » (dernier mot du texte) à la grande ville et à son « monde » qui n'en est précisément pas un (« Pourquoi restons-nous en province ? », dans M. Heidegger, *Écrits politiques, 1933-1966, op. cit.*, p. 149-153).

1. Voir le *Discours de Rectorat* du 27 mai 1933 (*L'auto-affirmation de l'université allemande*, trad. fr. G. Granel, 2ᵉ éd., Mauvezin, T.E.R., 1987, p. 29), et, dans les *Écrits politiques* (*op. cit.*), les textes « Le service du travail et l'Université » (20 juin 1933, p. 115-117) et « L'étudiant allemand comme travailleur (25 novembre 1933, p. 124-135). Dans ce dernier texte, on lit ceci : « l'étudiant allemand passe à présent par le Service du travail (*Arbeitsdienst*) ; il se tient aux côtés de la SA, il est

NATURE, TRAVAIL ET PRODUCTION

Parmi les possibilités que recelait sa conception du travail et auxquelles Heidegger n'a finalement pas donné la suite qu'on pouvait attendre, il y avait celle consistant à penser l'être ensemble à partir de la dimension coopérative et collaborative du travail : Heidegger a chômé cette possibilité et a finalement opté pour une pensée de l'être ensemble fondée sur la décision ou la résolution, plutôt que sur la coopération. Mais il y avait également au moins une autre possibilité, à laquelle Heidegger n'a pas non plus donné le développement qu'on pouvait escompter : c'est la possibilité de penser à partir du travail un rapport à la nature tout à fait différent de celui auquel on accède à partir du comportement producteur. Ce dernier, on l'a vu, se rapporte à l'étant comme à « ce qui est en lui-même disponible, qui est produit, qui constamment se déploie en présence pour soi, le projacent, l'*hupokeimenon*, le *subjectum*, la substance »[1]. On dira que la nature ne peut être ramenée par le comportement producteur à ce sens de l'étant compris comme ce qui est disponible et produit, puisque la nature ne résulte justement pas du comportement producteur propre au *Dasein*, mais le précède toujours déjà. Mais Heidegger précise que, « à travers le produire et la compréhension de l'être qui lui est inhérente, je me rapporte à un étant qui lui-même ne requiert aucune production », de sorte que « seule la compréhension de

assidu aux sorties sur le terrain » (p. 126). L'omission par le traducteur de la majuscule dans « Service du travail » (nous la rétablissons) invite, d'une façon peu honnête, le lecteur français à considérer cette expression comme anodine, alors qu'elle désigne une institution ou un organe interne au Parti nazi.

1. M. Heidegger, *Les problèmes fondamentaux de la phénoménologie*, *op. cit.*, p. 184.

l'être inhérente au comportement de production [...], peut donner jour à cette compréhension de l'étant qui est en soi présent-subsistant (*vorhanden*), *préalablement à* toute production et *en vue d'*une production ultérieure » [1]. C'est donc le comportement producteur qui ouvre l'accès à ce que le *Dasein* producteur ne peut précisément pas lui-même produire et à ce que sa production propre doit présupposer à titre d'un matériau donné, présent-là, non productible par lui, mais condition de toute sa production : le comportement producteur « fait toujours appel à ce que nous nommons le *matériau*, la matière (*Stoff*), par exemple les matériaux nécessaires à la construction d'une maison » [2]. Il est clair que l'ensemble de ces matériaux que le comportement producteur n'engendre pas lui-même, mais que sa production présuppose à chaque fois – que cet ensemble n'est pas autre chose que ce qu'on appelle la nature.

Le comportement producteur recèle donc en lui-même une compréhension du sens de la nature comme « de ce qui n'a pas besoin d'être produit », comme de « l'être de ce qui déjà gît au fond de tout ce qui doit être produit, le précède et par là, et *a fortiori*, est déjà en soi présent-subsistant » [3]. Selon cette compréhension inhérente au comportement de production, la nature est donc le fond toujours déjà donné et présent de toute production possible, le fond disponible dont la production peut user et abuser à loisir en fonction des projets productifs qui sont les siens. La nature ne peut donc pas s'ouvrir au « *Dasein* comme producteur » [4] autrement que comme un fond mis à la disposition de sa production, utilisable et exploitable à

1. *Ibid.*, p. 146-147.
2. *Ibid.*, p. 146.
3. *Ibid.*, p. 147.
4. *Ibid.*, p. 134.

merci par cette production : il n'y a pas ici d'action entre le producteur et la nature qui puisse être réciproque, l'action est unilatérale, elle émane du *Dasein* producteur et s'exerce sur la nature comme simple support, comme condition et comme matériau de l'agir productif.

Tout autre est la nature telle qu'envisagée à partir et en fonction de l'activité de travail :

> L'essentiel dans l'essence du travail, cela ne se trouve ni dans l'accomplissement d'une manière de se comporter, ni dans son résultat. Il se trouve dans ce qui, ce faisant, a proprement lieu là. Or ce qu'il y a là proprement, ayant lieu, c'est que l'être humain se met, en tant qu'être de travail, au cœur du débat avec l'étant en entier. Dans ce débat, auquel l'être humain s'expose, a lieu, en ce qui concerne les puissances configuratrices de la terre [...], ceci qu'elles parviennent enfin à leur pleine puissance, qu'elles finissent donc par s'imposer, mais du même coup qu'elles souffrent une mise en ordre et qu'elles sont heureusement domptées. [1]

Une première différence de taille apparaît aussitôt entre la production et le travail : alors que, s'agissant de la production, l'essentiel se trouve dans l'accomplissement d'une façon de se comporter (en l'occurrence : productive) et dans le résultat de ce comportement, c'est-à-dire dans le produit qui résulte de la mise en œuvre du comportement productif, rien de tel en revanche s'agissant du travail. L'essentiel du travail ne réside ni dans le type de comportement mobilisé ni dans le résultat obtenu, mais dans ce qui a lieu ou dans ce qui arrive (*was geschieht*) dans le travail et grâce à lui. Il arrive donc quelque chose d'essentiel dans et par le travail : en tant « qu'être de

---

1. M. Heidegger, « L'étudiant allemand comme travailleur », dans *Écrits politiques*, *op. cit.*, p. 132.

travail » (*Arbeitswesen*), le Dasein ou « l'être humain »
est celui qui, dans et par le travail, « entre en débat avec
l'étant en entier », c'est-à-dire avec la nature désignée
comme telle par l'expression de « puissances configuratrices
de la terre ». Mais la condition pour qu'un tel « débat »
ait lieu est évidemment que la relation que le travail instaure
entre « l'être de travail » et la nature soit de l'ordre d'une
action réciproque, et non pas unilatérale comme dans le
cas du comportement de production. Or c'est très exactement
ce qui a lieu dans le « débat » entre l'homme comme « être
de travail » et les « puissances configuratrices de la terre »
tel que Heidegger le présente : ces dernières parviennent,
grâce au travail, à « leur pleine puissance », elles doivent
donc au travail humain de parvenir à un plein déploiement
d'elles-mêmes, et en même temps elles sont « domptées »
et « mises en ordre » par lui, sans que cela consiste pour
autant en une répression, encore moins en une exploitation
puisque ce domptage et cette mise en ordre ne contreviennent
en rien à la pleine manifestation de ces puissances, qu'elles
permettent au contraire.

Ainsi donc, et par opposition à ce qui se passe dans la
production, où la nature n'est, face au sujet producteur (et
donc séparément de lui), que matière à œuvrer, matériau
(*Stoff*) pour la production, dans le travail au contraire, c'est
l'appartenance de l'être travaillant lui-même à la nature
qui devient manifeste : « l'étant est manifeste originalement
en ceci que l'existant humain, en tant que disposé
affectivement et travaillant, est intégré dans l'être de la
nature et des forces naturelles »[1]. On est même au delà
d'une relation d'action réciproque entre la nature et l'être
humain au travail : le travail humain apparaît ici comme

---

1. M. Heidegger, *La logique comme question en quête de l'essence
du langage, op. cit.*, p. 187.

immanent et interne au métabolisme de la nature elle-même. C'est que « l'homme, en tant que travaillant, est transporté dans la manifesteté de l'étant et de son ordonnance »[1], au point de pouvoir ainsi être lui-même « intégré dans l'être de la nature ». Le travail effectue, selon Heidegger, une « exposition au dehors » et un « transport » de l'homme au milieu de la nature : dans ce transport effectué par le travail, le *Dasein* au travail « laisse venir sur lui » les puissances de la terre, c'est-à-dire la nature, et ceci d'une manière telle qu'il « obtempère à sa surpuissance et que, dans la grande disposition affective de la lutte, de l'étonnement et du respect, il la gouverne et augmente sa grandeur »[2].

Le texte déjà cité, intitulé « Pourquoi restons-nous en province ? », rédigé l'année précédant le cours sur *La logique*, mais radiodiffusé et publié la même année (1934), permet de faire le lien avec l'expérience du travail qui était celle de Heidegger lui-même. Après une brève description parfaitement factuelle du chalet de Forêt Noire dans lequel il travaille, des trois petits espaces qui le composent et du paysage qui l'entoure, Heidegger explique que cette description correspond à ce que verrait un spectateur (« un invité ou un estivant »), mais que, quant à lui, il « ne se comporte pour ainsi dire jamais en spectateur vis-à-vis du paysage »[3]. C'est que pour lui, ce « paysage » n'en est justement pas un, c'est « le monde où [il] travaille ». Or le travail implique un tout autre rapport à ces éléments que Heidegger s'est d'abord contenté de simplement décrire : son inscription dans ce « paysage » par le travail lui « permet

1. M. Heidegger, *La logique comme question en quête de l'essence du langage*, op. cit., p. 182.

2. *Ibid.*, p. 183.

3. M. Heidegger, « Pourquoi restons-nous en province ? », dans *Écrits politiques*, op. cit., p. 149.

de faire l'expérience de ses variations, celles qui ont lieu chaque heure, nuit et jour, au sein de la grande montée et descente des saisons ». En rupture avec le regard extérieur du simple spectateur, le travail ouvre à une expérience vive des rythmes mêmes de la nature, du « poids des montagnes et de la dureté de leurs roches primitives », de « la croissance posée des sapins » et du « bruissement du ruisseau de montagne dans la vaste nuit d'automne »[1] : « tout cela s'impose » comme ce à quoi seul le travail donne accès. « C'est le travail, poursuit Heidegger, lui seul, qui ouvre l'espace pour cette réalité d'en haut » et « le cours du travail reste immergé au sein de tout ce qui arrive dans la contrée »[2].

Heidegger a très profondément saisi la différence fondamentale entre le « comportement de production » et le travail, il a su voir que cette différence confinait à l'opposition, voire à la contradiction : dans l'analyse qu'il en donne, le travail a les traits d'une activité rendant possible une expérience de soi, des autres et de la nature que la production rend au contraire impossible et à laquelle elle ferme tout accès. L'opposition entre le travail et la production semble recouvrir la différence entre le propre et le non-propre, c'est-à-dire entre l'authentique et l'inauthentique. Mais Heidegger ne se donne pas, et ne nous donne pas les moyens de comprendre comment le propre devient impropre, pourquoi et comment le travail se trouve réduit à la production, pourquoi et comment le comportement productif a pris l'ascendant sur le travail, à moins que, dans le « monde » qui est le nôtre, il ne tende à s'y substituer complètement. En conséquence de quoi

1. *Ibid.*
2. *Ibid.*, p. 150.

on ne peut pas non plus attendre de Heidegger qu'il envisage de quelle manière le travail pourrait être soustrait à l'emprise du comportement de production, autrement du moins qu'en s'en remettant ou, pire, en en appelant à un sursaut de la volonté, à une résolution grâce à laquelle un peuple, en l'occurrence le peuple allemand mené par le *Führer*, se saisirait du travail comme de la condition qui peut seule lui permettre d'être à nouveau un peuple et un État, c'est-à-dire un acteur de l'histoire mondiale[1]. Le mépris de Heidegger envers les conceptions en vertu desquelles, comme il dit, « le travailleur était ravalé au rang de simple objet d'exploitation, à charge pour lui de constituer la classe des déshérités, vouée à s'absorber dans la lutte des classes »[2], ce mépris et cette ignorance de sa part sont tels qu'il lui est impossible de saisir le rapport qui existe entre le fait, pour les travailleurs, d'être « ravalés au rang d'objet d'exploitation », le fait, pour le travail, d'être subordonné au processus productif de valorisation du capital, et le fait, pour la nature, de n'être plus qu'un stock de ressources et de matériaux gratuits indéfiniment exploitables.

1. Voir M. Heidegger, « Pourquoi restons-nous en province ? », dans *Écrits politiques, op. cit.*, p. 133 : « L'ajointement harmonique du *Dasein* appréhendé populairement, celui qui se configure dans le travail et en tant que travail, n'est autre que l'État ; l'État du socialisme national est l'État du travail ». Et dans *La logique comme question en quête de l'essence du langage, op. cit.*, p. 160-161 : « Nous nommons travail de l'homme cette puissance – travail non pas au sens d'une occupation quelconque, mais au sens de l'accomplissement consistant à imposer une empreinte et un ordre à ce qui, dans notre *Dasein* historial, se donne à nous comme tâche dans l'œuvre à réaliser » (« nous » et « notre » renvoyant ici au peuple allemand).

2. M. Heidegger, « L'étudiant allemand comme travailleur », dans *Écrits politiques, op. cit.*, p. 132.

CHAPITRE III

DE LA FORME-CAPITAL À LA FORME-TRAVAIL

> L'évidence réelle de la production industrielle, comprise comme centre et origine de toute autre manifestation de l'existence, usurpe et occulte un sens tout différent de l'existence du peuple en tant que travail (un sens non productif, mais qui a affaire à la production [...]).
>
> Gérard Granel[1]

Dans la suite de ce qui précède, reprenons les choses à partir de la proposition de Granel selon laquelle : « être-au-monde, c'était [pour Heidegger] être-à-la-tâche »[2]. Sur la base de cette thèse selon laquelle être-dans-le-monde, c'est être au travail, nous tenterons ici de déterminer ce qui nous prive de l'expérience du monde aujourd'hui en examinant la réponse donnée par Granel, à savoir qu'il s'agirait du travail lui-même, dès lors qu'il n'est plus « simple » travail, mais travail historiquement déterminé comme production de richesse. À partir de là, notre questionnement sera celui-ci : comment donc le travail peut-il être à la fois ce qui nous ouvre la dimension du monde, ce qui nous place dans la dimension du monde, et

---

1. G. Granel, « La guerre de Sécession », dans G. Granel, *Écrits logiques et politiques*, Paris, Galilée, 1990, p. 368.
2. G. Granel, *Études*, Paris, Galilée, 1995, p. 149.

ce qui nous en prive ? Ne serait-ce pas plutôt quelque chose
d'autre que le travail qui nous prive de la dimension du
monde, par exemple quelque chose comme ce que Granel
appelle « la richesse », que l'on peut aussi nommer le
capital et qui ne relève pas tant du travail que de la
production, ou de la manière dont la production se saisit
du travail ? Mais alors, comment le capital peut-il être vu
par Granel comme la forme de notre monde, s'il est par
ailleurs le grand privateur de monde ? Et peut-on envisager,
à partir du travail, la possibilité d'un monde autre que le
non-monde de la production, d'un monde véritablement
social qui soit celui de l'association des hommes au travail
et des échanges équilibrés avec la nature ?

MARX ET HEIDEGGER

« Être-au-monde, c'était [pour Heidegger] être-à-
la-tâche » : Granel souligne par là à juste titre que, dans
Être et Temps, « la description heideggérienne part plutôt
d'une compréhension "praxique" que d'une compréhension
"perceptive", le "que" ou le "comme" de l'étant intra-mon-
dain étant dès lors proposé comme celui d'un *Zeug*, voire
d'un *Werkzeug*, plutôt que comme celui de l'humble
perceptum » [1]. Et c'est bien sur la base de ce constat ou de
ce rappel, à savoir que l'étant intramondain est d'abord
quelque chose vers quoi nous allons pour en *faire* quelque
chose avec, plutôt qu'il ne s'offre à nous pour être perçu
par nous, c'est sur cette base donc que Granel remarquait
ensuite que, selon Heidegger, au moins celui de *Être et
Temps* :

> Être-au-monde, c'était être à la tâche, le monde "lui-même"
> apparaissant à partir de là comme monde du travail,

1. G. Granel, *Études, op. cit.*, p. 149.

monde de la production – sans que celle-ci, curieusement, ne se dévoile à son tour comme production de la richesse – mais peut-être n'y a-t-il là justement rien de curieux, peut-être la richesse, dans son infinité abstraite, est-elle l'incroyable même pour qui est au monde sur le mode du travail producteur[1].

C'est très exactement ici qu'a lieu la rencontre de Heidegger et de Marx, et c'est ce que Granel a si clairement aperçu. Reste à préciser comment s'effectue à proprement parler cette rencontre. Ce qui la rend possible, c'est le fait que Heidegger – celui de *Sein und Zeit* – commence avec le travail et avec le monde du travail, tandis que le Marx de *Das Kapital* commence avec le monde, plus exactement avec le monde de la marchandise comme produit du travail humain : selon la façon habituelle qu'on a de lire Heidegger, on sait qu'il commence avec le monde, mais on oublie de voir que c'est du monde du *travail* qu'il s'agit, tandis que, selon la manière habituelle qu'on a de lire Marx, on sait qu'il commence avec la marchandise, mais on omet de voir que c'est du *monde* de la marchandise qu'il s'agit. Granel nous ouvre les yeux sur cette conjonction du monde, du travail et de la marchandise qui rend possible la rencontre Marx/Heidegger. Il faut donc commencer par rappeler que Marx n'est pas seulement un penseur du travail et de la marchandise, mais aussi et tout autant un penseur du *monde*, de même qu'il faut rappeler que Heidegger n'est pas seulement un penseur du monde, mais aussi et tout autant un penseur du *travail*.

La chose semble devenir assez évidente quand on lit notamment ce que Heidegger écrit dans son cours de 1934 sur *La logique comme question en quête de la pleine essence du langage* : « c'est dans le travail et par lui, écrit Heidegger,

1. *Ibid.*

que l'étant nous devient d'abord manifeste dans ses régions déterminées, et l'homme, en tant que travaillant, est transporté dans la manifestation de l'étant et de son ordonnance »[1]. Et l'on comprend alors mieux pourquoi, dans *Être et Temps*, l'accès à la structure de l'être-dans-le-monde se faisait à partir de la description phénoménologique du rapport pratique que l'existant quotidien et préoccupé entretient avec les choses toujours d'abord considérées par lui comme des choses maniables et comme des outils pour l'accomplissement d'une certaine tâche : ou bien, comme le dit explicitement Heidegger au § 31 de *Sein und Zeit*, c'est « dans l'à-dessein-de-quelque chose que se découvre l'être-dans-le-monde de l'existant en tant que tel », et c'est donc bien à partir du monde quotidien comme « *Werkwelt* », comme monde du travail et de l'œuvre, qu'on accède à la dimension même du monde et de l'être-dans-le-monde en tant que structure de l'être que nous sommes nous-mêmes.

Tel est donc ce qu'effectue le travail selon Heidegger : le transport de l'existant hors de soi au milieu du monde, ou bien, dans les termes de Heidegger, « l'exposition au dehors qui nous transporte à l'ordonnance de l'être qui est libéré en aboutissant à l'œuvre »[2].

Cela signifie que, pour le Heidegger de l'époque de *Sein und Zeit* et des années qui suivent immédiatement, c'est bien par le travail que devient possible un accès à la temporalité propre à l'existant que nous sommes, temporalité propre qui est elle-même condition de l'ouverture d'une historicité qui nous soit propre elle aussi : l'exposition au dehors et le transport hors de soi qui, comme le dit

1. M. Heidegger, *La logique comme question en quête de la pleine essence du langage*, trad. fr. F. Bernard, Paris, Gallimard, 2008, p. 182.
2. *Ibid.*, p. 184.

Heidegger, « font exploser l'être-sujet », et qui sont l'œuvre du travail, sont aussi les marques mêmes de la puissance propre au temps, à savoir sa puissance de « désincarcération de l'essence de l'existant humain ». Or, ajoute Heidegger, « que l'existant soit transporté dans le présent du travail et qu'il s'étire dans l'à-venir et dans l'ayant-été, c'est quelque chose qu'on ne peut pas entendre en restant dans l'optique de l'être subsistant de sujets individuels qui sont dotés d'un intérieur autour duquel il y a aussi quelque chose à l'extérieur » [1].

Cela voudrait donc dire que pour Heidegger, au moins autant que pour Marx, le travail peut être le lieu d'un advenir de l'histoire, à la condition de penser que, comme le dit Heidegger, « l'advenir de l'histoire est en soi : exposé-au-dehors – transporté – s'étirant » [2]. On sait que ce que Heidegger veut montrer, c'est, comme il dit, « l'éclatement que fait subir la temporalité à l'égoïté et à la subjectivité » : mais ce qui est décisif, c'est qu'un tel éclatement du sujet ait d'abord lieu par le travail et dans le monde du travail, en tant que le travail rend manifeste à l'existant ce que Heidegger appelle « l'exposition-au-dehors-de-son-être » comme constitutive de cet être même. Ce que Heidegger établit de la sorte, c'est le lien fondamental du travail, compris de manière essentielle, avec l'éclatement du sujet, la destruction de ce que Heidegger nomme « le je séparé et retranché », et donc aussi avec la puissance du temps, avec « l'éclatement » que cette puissance fait elle-même subir à la subjectivité, et, enfin, avec l'ouverture d'une historicité ou d'un régime d'historicité radicalement distinct de celui qui règne actuellement – à savoir une historicité qui ne serait plus ancrée dans le présent des

1. *Ibid.*
2. *Ibid.*, p. 188.

étants subsistants que sont les sujets et leurs objets, mais dans l'extension fondamentale signifiée par l'ayant-été, l'à-venir et le présent comme ouverture.

Et là est le lieu d'une possible rencontre de Heidegger et de Marx. Car tout ce que Heidegger dit ici du travail et que nous venons de rappeler est d'autant mieux compréhensible qu'on le met en rapport avec ce que Marx avait déjà pensé avant lui, à savoir : le lien entre le travail compris comme travail abstrait, comme dépense sur un temps donné d'une quantité de travail, donc comme substance de la valeur, et la conception de l'homme en tant que sujet « séparé » et « retranché », distinct et coupé d'un « monde » lui-même considéré (certes pas comme un pragme mais) comme objet ou comme « amas » et « entassement » d'objets, et plus exactement de marchandises. Ce que Marx était parvenu à penser par des voies certes bien différentes de celles suivies plus tard par Heidegger, c'est le lien existant entre le travail ainsi compris, comme capacité abstraite et subjective de travail séparée des conditions objectives de sa mise en œuvre et dont la valeur équivaut à celle des marchandises requises par sa reproduction, d'une part avec une certaine configuration du temps posé comme forme vide et comme mesure du mouvement, et d'autre part (mais c'est évidemment directement relié) avec le régime régnant de l'historicité, à la fois comme progrès cumulatif automatique indéfiniment continué et comme règne d'un perpétuel présent indéfiniment reproduit[1].

---

1. Nous nous permettons sur ce point de renvoyer à notre ouvrage *La privation du monde*, Paris, Vrin, 2011, chapitre II et III, ainsi qu'à notre article « Comment le capital capture le temps », dans F. Fischbach (dir.), *Marx. Relire* Le Capital, Paris, P.U.F., 2009, p. 101-138.

DÉFIGURATION DU TRAVAIL ET DE L'HISTORICITÉ

Ce que Heidegger a vu, c'est que notre époque est celle d'une défiguration du travail et de l'historicité et que ces deux aspects sont inséparables : contre cette défiguration, Heidegger cherche à conquérir un autre concept du travail et un autre concept de l'histoire, sur le fond d'une thèse fondamentale – que reprendra son élève Marcuse – selon laquelle c'est le travail qui est la source de l'historicité, c'est le travail qui fait du temps un temps *historique*[1]. Et si le travail est le lieu où peut s'ouvrir une temporalité proprement historique (*geschichtlich*), c'est pour autant que le travail est selon Heidegger le lieu même de l'advenir, du *Geschehen* de l'existence humaine propre comme existence finie. Mais la défiguration actuelle du travail et de l'histoire est telle que nous confondons l'historicité avec n'importe quel processus mécanique, chimique, géologique ou astronomique, voyant le point commun de tous ces processus, y compris donc l'« historique », dans le fait qu'ils tombent tous dans le temps, tandis que nous attribuons la faculté de travailler aussi bien aux hommes qu'aux animaux et aux machines. C'est ainsi qu'il nous est devenu très difficile d'apercevoir que l'advenir temporel et historique n'appartient à proprement parler qu'à l'existant humain, et même, plus précisément, seulement à l'existant humain en tant qu'il travaille.

Mais qu'attestent cette défiguration du travail et cette dénaturation de l'histoire, sinon que ce dont notre époque accomplit le règne n'est justement pas le travail, mais la production : ce qui règne n'est pas le travail, c'est la

---

1. Voir J. Vioulac, *L'époque de la technique. Marx, Heidegger et l'accomplissement de la métaphysique*, *op. cit.*, p. 68 : « L'historialité du monde est ainsi fondamentalement historialité du travail ».

production, c'est le travail devenu universellement productif, c'est le travail enrôlé dans et par la production capitaliste de la « richesse » [1]. Et ce qu'un tel enrôlement rend extrêmement difficile à entendre, c'est par exemple l'idée selon laquelle, si, comme le dit Heidegger, « les pierres, les animaux et les plantes ne sont pas eux-mêmes temporels au sens original où nous le sommes nous-mêmes » [2], c'est d'abord parce que ces étants ne sont pas des étants travailleurs : « il est clair, poursuit Heidegger – mais, justement, il est trop peu clair pour nous – que les animaux et les plantes ne travaillent pas – non pas parce qu'ils sont insouciants, mais parce qu'ils sont en dehors de la possibilité de travailler » ; de sorte que « même le cheval qui tire le chariot ne travaille pas ; il est seulement attelé à un événement de travail de l'homme » [3]. Le fait d'être ainsi attelé à un événement humain de travail n'a pas pour effet de rendre le cheval travailleur, mais seulement de le rendre productif. Des animaux et des machines peuvent être productifs, les hommes peuvent l'être aussi, certes, mais au prix de leur aliénation : en et par eux-mêmes, les hommes ne sont pas productifs, ils sont travailleurs.

C'est cette différence qu'il nous est devenu si difficile de faire : nous considérons comme immédiatement légitime le fait de dire qu'un animal, une machine, un robot travaillent – alors que leur activité, qui tombe certes dans le temps,

---

1. Je conserve ici le terme de « richesse » utilisé par Granel, mais celui de « valeur » serait beaucoup plus approprié, puisque le travail n'est considéré sous le capital comme étant productif que lorsqu'il permet l'engendrement et l'accumulation de valeur, et non en ce qu'il engendre de la richesse matérielle, c'est-à-dire des valeurs d'usage.

2. M. Heidegger, *La logique comme question en quête de la pleine essence du langage*, *op. cit.*, p. 158-159.

3. *Ibid.*, p. 159.

ne temporalise pas pour autant, historicise encore moins et ne constitue donc en aucune sorte un événement de travail. Mais tout cela ne témoigne que d'une chose : de l'emprise de la production de la « richesse », de la production de marchandises, et donc de l'emprise de la production capitaliste – et en particulier de son emprise sur le travail humain, ainsi devenu une simple activité de production qui tombe dans le temps mais par laquelle n'advient, ne « *geschieht* » ou ne tend à advenir aucune forme d'existence humaine.

Ce qui témoigne particulièrement de la défiguration du travail en conséquence de son enrôlement dans la production, c'est le fait que Granel lui-même semble parfois être hésitant, allant jusqu'à attribuer à la production des traits et des caractéristiques qui ne peuvent lui revenir et qu'en réalité seul le travail peut posséder. Granel n'est sur ce point pas toujours aussi précis que lorsqu'il parle, dans « L'enseignement de la philosophie » [1], du « travail comme production au sens de production du Capital : auto-production et auto-accroissement de la substance automatique ». Une telle auto-production de la substance automatique, c'est-à-dire de la « richesse », désigne un processus infini qui est en effet celui de la production capitaliste, un processus auquel le travail ne participe que pour autant que, sous la forme de la marchandise « capacité de travail », il est intégré à la production capitaliste et en même temps transformé par elle.

Mais il est d'autres textes dans lesquels Granel est moins précis, moins rigoureux. Ainsi dans le cours de 1974-75 intitulé « Réinscriptions contemporaines du

---

1. G. Granel, *Apolis*, Mauvezin, T.E.R., 2009, p. 91.

marxisme (dérive, abandon, reprise) »[1], Granel note que
« la pensée de la production est une pensée de la finitude
essentielle ». Ne faut-il pas d'une certaine façon confondre
la production (capitaliste) avec le travail pour dire et
soutenir que la pensée de la production est une pensée de
la finitude essentielle, et n'est-ce pas plutôt uniquement
une pensée *du travail* qui est ou qui peut être une pensée
de la finitude essentielle, dans la mesure où elle est la
pensée du travail comme de ce par quoi « *ge-schieht* »
(c'est-à-dire à la fois advient et s'historicise) l'existence
humaine ? Une pensée de la production, dès lors que la
production aujourd'hui ne peut être que la production
capitaliste, une pensée de la production capitaliste donc,
ne peut absolument pas être le véhicule d'une pensée de
la finitude essentielle, mais doit être au contraire une pensée
de l'infini, ou plutôt de l'indéfini de la production capitaliste
de la richesse.

L'IM-MONDE DE LA PRODUCTION

Dans le même cours de 1974-1975, Granel note encore
ceci :

> Marx prend donc cette phrase – "Le monde est une vaste
> accumulation de marchandises" – à la lettre. Il dit :
> philosophiquement, le monde est cela. "Monde" nomme
> précisément l'étant là où il se totalise dans son sens, là
> où il est régi par son être. Si bien que la production est
> analysée directement comme production du monde en
> tant que monde. Ce que veut dire Marx, c'est que le sens
> de cet être – l'étant par là où il fait monde, là où il est
> mis en ordre – reçoit son ordre de la production, autrement

1. Disponibles en ligne sur le site http://www.gerardgranel.com, cours 1, p. 4.

dit que le monde forme un tout à partir d'un mode d'être qui est la production.

La question qui se pose alors est celle-ci : peut-on dire cela de la production capitaliste ? Cette production ou ce mode de production n'est-il pas au contraire ce qui abolit la dimension du monde ? La production capitaliste peut-elle permettre une quelconque totalisation de monde ? Le caractère précisément in(dé)-fini de cette production, en tant que production de la richesse, n'est-il pas incompatible avec une quelconque forme de totalisation ? Cette production n'est-elle pas démondanisante dans la mesure même où elle est détotalisante, et en elle-même non totalisable ?

À moins que la production capitaliste ne totalise un monde qui ne peut pas ou ne peut plus être *notre* monde, c'est-à-dire : à moins qu'elle ne totalise que *négativement*, pour le dire à la façon d'Adorno. Le « monde de la production » désignerait alors un monde dans lequel nous ne pourrions plus être en y étant sur le mode, fondamental pour nous, de l'être-dans-le-monde. Mais quel sens cela a-t-il de parler encore d'un monde, du monde, en tant que nous ne pouvons pas, nous, y être ou *en être* ? Le monde de la production, en tout cas quand il s'agit de la production capitaliste, peut bien être un monde, mais c'est le monde de la « richesse » comme production de marchandises, et donc ce n'est pas notre monde ou ce n'est pas un monde pour nous, ce n'est pas et ce ne peut être un monde humain, pas plus que ce ne peut être le lieu d'un équilibre entre le monde humain et la nature.

De sorte qu'il faut en effet poser la question que pose Granel à la fin de « Le concept de forme dans *Das Kapital* » : « comment la marchandise peut-elle annoncer le monde ? » [1].

---

1. G. Granel, *Apolis, op. cit.*, p. 69.

La question prend bien sûr tout son sens rapportée à la première phrase du livre 1 du *Capital* : « la richesse bourgeoise apparaît de prime abord comme un immense entassement de marchandises »[1]. Mais pour autant, il est évident que la question, telle que Granel la pose, ne peut qu'ouvrir sur un constat négatif : non, le monde des marchandises n'est pas à proprement parler un monde, la marchandise ne peut annoncer aucun monde, ou elle ne peut annoncer qu'un monde qui ne peut être le nôtre, qu'un monde sans rapport ni à l'homme ni à la nature. La marchandise ne peut pas être autre chose qu'une annonce négative du monde, ou bien l'annonce d'un monde *en négatif*.

Et sans doute est-ce cela d'ailleurs qu'il faudrait répondre à ceux qui nous demanderaient : « mais comment pouvez-vous parler d'une privation de monde, sans avoir vous-même une certaine forme d'accès à la dimension du monde ? ». Simplement parce que, « dans l'état actuel des choses », comme disait Marx, nous avons en effet un certain accès à la dimension du monde, nous avons bien une certaine expérience de ce qu'est un monde, mais sous la forme d'une expérience négative ou déceptive, d'un accès au monde par la négation : nous faisons l'expérience d'un monde en creux, nous avons accès à un monde en négatif. Un monde faux est encore un monde, celui qui de la fausseté fait un monde. C'est d'une expérience négative qu'il s'agit, d'une expérience de privation qui est ce que Hegel appelait une négation déterminée, c'est-à-dire à chaque fois la négation *de* quelque chose : de sorte que nous savons bien ce qui est nié, mais que, justement, nous ne le savons que négativement.

---

1. Je constate que la première phrase du *Capital* ne fait précisément mention d'aucun « monde ».

La chose est en réalité déjà dite dans cette même première phrase du *Capital* : comment donc un tas, un amas ou une « collection » (*eine Sammlung*) pourrait-il être un monde ? On nous dira peut-être que nous jugeons ici à la va-vite et à l'emporte-pièce sur le fond d'un tenace préjugé anti-marchand et anti-marchandise, et que c'est cela qui nous fait dire qu'un entassement ou une « énorme collection » de marchandises ne fera jamais un monde. Pas du tout : nous n'avons rien *a priori* contre les marchandises. Simplement, le « monde » des marchandises ne peut pas être un monde parce que ce *pseudo* monde marchand est sans limite, parce que sa forme est celle de la valeur ou du capital, et que cette « forme » est celle de l'in-défini, ou bien, dans les termes de Granel : « la Forme-Capital comme le plus, le perpétuel retour de l'over-plus, et l'infini, le sans limite » [1].

De sorte que la question qui se pose est celle de savoir si le concept même de forme convient à une saisie du capital : qu'est-ce que la forme de l'in-défini et du sans limite, sinon une forme de l'in-forme ? N'est-ce pas bien plutôt au travail que peut convenir le concept de forme ? Mais dire que le travail est mise en forme, imposition de la forme, information, cela revient à dire que le travail est expérience de l'inscription dans le monde et par là aussi et en même temps expérience de la finitude essentielle, là où le capital et l'accumulation de la valeur accomplissent au contraire et ne cessent d'accomplir sous nos yeux le geste d'une négation de la finitude.

Nous revenons donc toujours à cette idée que la production (capitaliste) est in-finitisante ; au contraire du travail qui, comme insertion dans le monde, est finitisant.

---

1. G. Granel, *Apolis, op. cit.*, p. 69.

C'est pourquoi il est difficile de suivre Granel quand il dit
ceci, toujours dans le cours de 1974-75 : « Marx commence
d'emblée par l'étant en tant qu'il est un monde, et il affirme
que ce qui fait du monde un monde – son mode d'être – est
la production ». Il faut au contraire commencer par
reconnaître que la production capitaliste ne peut pas faire
du monde un monde, et que c'est justement cela que Marx
entendait montrer. Mais c'est également pourquoi, lorsque
Granel, dans l'article intitulé « L'enseignement de la
philosophie », parle de ce qu'il nomme « le travail comme
production au sens de production du Capital : auto-
production et auto-accroissement de la substance
automatique »[1], il faut souligner la grande précision de
l'expression de Granel ici (comme ailleurs) : il parle bien
du travail « comme production », la production étant elle-
même comprise comme production capitaliste, c'est-à-dire
en tant que production infinie et valorisation infinie de la
valeur. Mais alors, quand on parle d'une expérience du
monde et de la finitude essentielle, il faut dire clairement
que, d'une telle expérience, la production comprise « au
sens de production du Capital » n'est pas et ne peut pas
être le lieu.

Car comment maintenir le lien entre production et
finitude, comme Granel entend le faire, si on note aussi
(comme il le fait par ailleurs) que « le mode de production
bourgeois signe l'exténuation infinie de la valeur d'usage
dans la valeur d'échange » : cette exténuation de la valeur
d'usage n'est-elle pas, précisément, l'infinitisation (et donc
la privation de monde) mise en œuvre par la production
bourgeoise ? Il est clair en tout cas que la valeur d'usage,
en tant qu'elle vaut comme telle en étant d'abord référée

1. G. Granel, « L'enseignement de la philosophique », dans G. Granel,
Apolis, op. cit., p. 91.

au besoin, porte en quelque sorte la marque de la finitude, et que c'est à ce titre qu'elle est la dimension de la marchandise qui est sans aucun intérêt du point de vue de la production capitaliste, dont la finalité n'a jamais été de satisfaire les besoins humains, mais de produire toujours plus de valeur, de valoriser infiniment la valeur.

C'est pourquoi il est difficile de comprendre, dans ces conditions, comment on pourrait encore prétendre que la pensée de la production est une pensée de la finitude : c'est au contraire une pensée de l'abolition de la finitude et de la destruction du monde. Je remarque en passant que Granel a fort bien vu que personne, aucun peuple n'échappe à ce retrait du monde et à cette infinitisation : certes pas les faibles et les dominés, mais pas davantage les puissants ni les dominants. « D'où vient, demande ainsi Granel, que la réalité moderne ne puisse ouvrir aux peuples qui ne l'ont pas organisée à leur profit aucune possibilité d'élaborer un "monde"? » [1] ; de sorte que ces mêmes peuples sont tentés de rechercher dans leur passé religieux et théologique l'improbable possibilité de faire ou de trouver un monde. Mais « d'où vient, demande encore Granel, que les peuples qui sont au contraire les organisateurs et les profiteurs de la modernité doivent affronter eux-mêmes une sorte de "croissance de l'inexistence" à l'intérieur de la gestion rationnelle du travail et de l'institutionnalisation de la liberté dont ils sont si fiers » [2].

Granel exprime ici clairement la dimension de la perte ou de la privation de monde dont les peuples de la modernité font l'expérience ; il précise à très juste titre qu'il n'y a au fond aucune différence à faire en matière de privation de monde entre les peuples, selon qu'il s'agit des peuples

---

1. G. Granel, « Quel droit ? », dans G. Granel, *Apolis*, *op. cit.*, p. 101.
2. *Ibid.*

dominants ou des peuples dominés, des profiteurs ou bien des victimes de la modernité : les vainqueurs, eux aussi, sont privés de monde. Mais cela est vrai également si on se place à l'intérieur même de la zone des « profiteurs et des organisateurs de la modernité », c'est-à-dire chez nous et dans nos pays : là aussi l'expérience de la privation de monde concerne certes d'abord le chômeur et le précaire, mais elle est également, sous d'autres formes, l'expérience du salarié, du cadre et du dirigeant ou, comme on dit, du « décideur » que le management contemporain expose et confronte constamment à la « croissance de l'inexistence » et du vide.

Mais il en va maintenant du travail comme du monde : à savoir que la question ne peut pas manquer de se poser de savoir comment on peut parler de monde dès lors qu'on fait le diagnostic que notre époque est celle de la privation de monde. On a vu qu'on le peut parce que la privation de monde est une négation déterminée au sens hégélien, c'est-à-dire une négation qui suppose, voire qui permet un accès, certes négatif, à ce qui fait l'objet déterminé de la négation. Mais comment parler du travail comme insertion dans le monde et expérience de la finitude, si notre époque est celle de la production capitaliste in(dé)finie de la richesse ? Faut-il penser qu'il existe comme des sortes d'« îlots » de travail « pur », encore miraculeusement épargnés par l'emprise de ce que Granel appelle « la production de richesse » – et qu'il vaudrait sans doute mieux appeler la production de valeur, du moins si l'on veut respecter la distinction que faisait Marx entre la « richesse » et la « valeur », réservant le premier terme à la richesse dite « matérielle », c'est-à-dire aux valeurs d'usage.

Donc, y a-t-il encore quelque part quelque chose comme du travail, quand règne partout la production de valeur ? Sans doute, il subsiste des formes de travail qui ne sont pas productives au sens précis du concept de « travail productif » tel que Marx l'a élaboré dans les *Grundrisse* et dans le *Chapitre inédit du Capital*, à savoir qu'un travail est dit « productif » dès lors qu'il produit de la valeur et de la survaleur. Mais on peut penser que ces travaux humains qui ne sont pas (encore) enrôlés dans et par la production de valeur sont des formes dominées (notamment en ce qu'il s'agit de formes massivement féminines), minoritaires et/ou archaïques de travail, sans doute aussi des formes en voie de disparition sur la base desquelles il peut sembler difficile d'ouvrir un quelconque avenir, autre du moins que celui de leur enrôlement programmé dans et par la production.

Peut-être faut-il alors se contenter de constater qu'il subsiste dans l'esprit de celles et ceux qui travaillent ou qui aspirent à travailler une idée de ce que pourrait être, voire de ce que devrait être le travail, s'il n'était pas réduit à du travail productif, s'il était autre chose qu'un travail enrôlé dans et par la production de valeur ; et que c'est en fonction de cette idée qu'il est possible de protester contre le travail tel qu'il est. Quand Christophe Dejours écrit qu'aujourd'hui, pour la plupart des gens, « le monde du travail ne peut être reconnu comme un monde » et que « ceux qui l'habitent y font plus que naguère l'expérience du désert et de la désolation »[1], cela peut vouloir dire qu'il subsiste soit comme un *souvenir* de ce qu'était le travail quand il permettait encore l'accès à un monde, lorsqu'il autorisait l'insertion dans le monde, soit comme une forme

---

1. C. Dejours, *Travail vivant 2 : Travail et émancipation*, Paris, Payot, 2009, p. 183.

d'attente chez ceux qui travaillent de ce que leur travail leur devienne quelque chose comme le lieu de l'expérience d'un monde, voire qu'il y a chez eux *l'exigence* que ce soit le cas. On peut parfaitement faire fond sur ce « souvenir », sur cette attente ou sur cette exigence, car c'est là le sol sur lequel pourrait, pour peu que s'y instaure la collaboration au sens littéral du terme, se construire quelque chose qui, en tant qu'association des hommes au travail, ressemblât à un monde, en l'occurrence à un monde véritablement social au centre duquel se trouveraient des pratiques de collaboration et de coopération.

CRITIQUE DU RÉEL DE LA PRODUCTION
À PARTIR DE LA FORME-TRAVAIL

Bref, il faudrait qu'on parvienne à déjouer le pronostic de Granel selon lequel « l'avenir historial du marxisme […] ne sera que la variante "socialiste" de l'à-venir du monde moderne, la variante d'un temps qui, étant le temps du sujet, est "déjà" LE temps-mort »[1]. En faisant advenir les existants que nous sommes dans un monde qui soit celui à la fois du travail et de l'association, il s'agirait justement et au contraire, selon l'expression de Heidegger, de « faire éclater le sujet », et par là peut-être de se disposer à temporaliser et à historiciser autrement que sous la forme du « temps mort » qui est actuellement le nôtre, c'est-à-dire autrement que sous la double forme de la contrainte perpétuelle au progrès et du présent perpétuel de la valeur.

Arracher le travail à l'emprise de la production nous paraît avoir été le projet même de Marx ; et ça l'a été parce qu'il voyait là le moyen à la fois de permettre que nous

1. G. Granel, « L'effacement du sujet dans la philosophie contemporaine », dans G. Granel, *Apolis*, *op. cit.*, p. 56.

fassions enfin l'expérience de notre inscription dans le monde les uns avec les autres, et même les uns *pour* les autres, et de briser « la morne continuité d'un présent sans histoire » (selon l'expression de Granel dans « Préliminaires pour autre chose, I » [1]) dans la mesure où cela permettrait de faire enfin advenir notre existence dans le monde, de même que, pour finir, cela briserait l'emprise du *sachlich* sur le *gesellschaftlich*, du chosal sur le social, du mort sur le vif – pour autant que le social ne serait plus autre chose que le déploiement même, l'affirmation et l'activation de ce que Marx appelait notre « activité vitale sociale ».

Exprimée un peu différemment, cette conclusion revient à dire que, sous le règne de la forme « capital », le travail devient difforme et même informe : l'imposition de la forme-Capital ne peut se faire qu'aux dépens du travail, relégué au rang d'un réel informe et inessentiel, le réel de la force de travail incarnée dans les cerveaux et les muscles des travailleurs, mais séparée de tous les moyens et de toutes les conditions de sa mise en œuvre effective. Il ne s'agirait donc pas de libérer ce « réel du travail » de l'emprise qu'aurait sur lui la forme-Capital : il s'agit de substituer la forme-Travail à la forme-Capital, donc de rendre la forme-Travail dominante, de destituer le Capital du statut de forme, de réduire le Capital, la forme-Capital à ce qu'elle est véritablement mais qu'elle dissimule et occulte en même temps, à savoir le réel inessentiel de l'argent qui « pond des œufs d'or » [2]. Il n'y a pas d'un côté le bon vieux réel du Travail qu'il faudrait libérer et, de l'autre, la forme honnie du Capital qui se soumet le précédent, le domine et l'exploite, de sorte que la suppression

1. G. Granel, *L'époque dénouée*, textes réunis, annotés et préfacés par Élisabeth Rigal, Paris, Hermann, 2012, p. 141.

2. K. Marx, *Le Capital*, livre 1, chap. IV, trad. cit., p. 174.

de ladite forme libérerait *de facto* le réel du travail, le travail concret producteur de choses utiles ou de valeurs d'usage. Anselm Jappe a raison de souligner qu'il ne peut s'agir de « considérer le "travail concret" comme le "pôle positif" » dans la mesure où « le travail concret n'existe dans la société capitaliste que comme porteur, comme base du travail abstrait, et non comme son contraire »[1]. On ne peut avoir directement et uniquement recours au travail concret dans la mesure où celui-ci, dans le capitalisme, n'a plus de sens hors de son rapport au travail abstrait constitutif de la valeur, dont il n'est plus rien d'autre que le support ou le véhicule. Sur ce point, on peut donner raison aux tenants de la « critique de la valeur » et refuser avec eux de se contenter d'une critique du capitalisme faite du point de vue du travail, c'est-à-dire du point de vue du réel du travail ou du travail concret, pour, à la place, proposer une critique du travail sous le capital[2], une critique

---

1. A. Jappe, *Les aventures de la marchandise. Pour une critique de la valeur*, Paris, La Découverte, 2017, p. 121-122.

2. « La théorie critique du Marx de la maturité est *une critique du travail sous le capitalisme*, et non pas *une critique du capitalisme du point de vue du travail* » (nous soulignons) : c'est la thèse majeure soutenue par Moishe Postone dans son livre *Temps, travail et domination sociale. Une réinterprétation de la théorie critique de Marx*, trad. fr. O. Galtier et L. Mercier, Paris, Mille et Une Nuits, 2009 (ici p. 42) ; elle est également défendue par Anselm Jappe, *Les aventures de la marchandise*, *op. cit.*, en particulier le chapitre 2, « Critique du travail », p. 91 *sq.* Notre point de vue est également celui d'une critique du travail sous le capital, c'est-à-dire d'une critique de ce que devient le travail sous le capital, ou de ce que le capital fait au travail quand il l'enrôle et le soumet au processus de production de la valeur – une critique qui se fait en fonction non pas de ce que le travail serait en soi, en son essence (encore moins à l'aune de ce qu'il a été ou est supposé avoir été avant le capitalisme), mais, de façon projective, une critique qui se fait en fonction de ce que *pourrait être* le travail humain social s'il était libéré de son enrôlement dans le procès de valorisation et de sa captation productive par le capital.

de ce que devient le travail lorsqu'il est réduit à une composante de la logique du capital et transformé par elle en travail productif pour le capital, c'est-à-dire en travail producteur de valeur et de survaleur.

Mais tout le problème est de parvenir à formuler cette critique de ce que devient le travail sous le capital (quand s'en empare la logique de la production illimitée de valeur) sans aboutir à l'idée qu'il ne peut plus rien rester du travail (et donc que l'après du travail productif devrait coïncider avec une suppression du travail – ce qui est la thèse de la « critique de la valeur »[1]) – et sans non plus se réfugier illusoirement dans un réel du travail vivant qui aurait miraculeusement subsisté intact sous la forme du capital et que l'on pourrait en quelque sorte retrouver tel quel une

---

1. Une thèse très clairement exposée par A. Jappe, notamment dans *Les aventures de la marchandise, op. cit.*, p. 125 : « se libérer du travail signifie se libérer du travail vivant et laisser le plus possible le métabolisme avec la nature au travail mort accumulé, donc aux machines ». La « critique de la valeur » est en ce sens une théorie de la *fin* du travail : la suppression du travail abstrait, formateur de la valeur, étant en même temps la suppression du travail concret, il ne reste du travail que son rôle de condition « naturelle et éternelle » du métabolisme entre l'homme et la nature, un rôle et une fonction qui peuvent être assurés par les machines. Le problème est que les machines doivent elles-mêmes être surveillées, entretenues, programmées, coordonnées, régulées, et que faire cela ou, comme dit Marx, « se comporter en surveillant et en régulateur du procès de production lui-même », c'est encore effectuer un travail, du moins si l'on suit ce que dit Marx dans le célèbre fragment sur les machines des *Grundrisse* (*Manuscrits de 1857-58*, trad. fr. sous la dir. de J.-P. Lefebvre, Paris, Éditions sociales, 1980, tome 2, p. 192-193). C'est bien encore de travail qu'il s'agit, mais sous une forme tout à fait nouvelle en ce que l'agent n'en est plus la masse des travailleurs individuels, mais ce que Marx appelle « le corps social ». Ce « corps social » n'est plus la société intégralement productive de *L'idéologie allemande* : il est « l'individu social » dont le travail consiste à réguler consciemment ses interactions avec la nature en tant qu'elles sont médiatisées par la science et la technologie.

fois libéré de sa saisie et de sa domination par le procès de production de valeur. Quelle issue peut-il y avoir, autre que celle qui consiste à élever le travail lui-même au rang de forme autonome, ce qui ne se peut faire que *contre* la forme-Capital et donc en élevant le travail au rang d'un principe politique à la fois de réorganisation démocratique de la société[1] et de reconfiguration du rapport entre la société et la nature ?

Il faut donc accomplir (au sens de parachever) ce à quoi le Capital œuvre déjà, mais de son seul point de vue et à son seul bénéfice : à savoir rassembler en effet tous les travaux réels et qualitativement distincts dans la forme abstraite du travail, mais le faire en instituant le Travail lui-même comme la nouvelle forme dominante, c'est-à-dire comme la forme « qui détermine la figure historique essentielle du tout des réalités »[2], selon une expression de Granel. Il faudrait faire que l'abstraction du Travail ne soit plus unifiée au-delà d'elle-même par son autre (les marchandises et le Capital) mais qu'elle le soit à partir d'elle-même et d'elle seule, ce qui la ferait accéder au rang de forme, et en l'occurrence à celui d'une vraie forme : car la forme du travail ou la forme-Travail est vraie en ce sens qu'elle connaît la limite, ce qui la rend capable d'être le principe organisateur d'une forme sociale de vie et d'articuler celle-ci à la nature précisément dans la reconnaissance de ses propres limites, là où au contraire la forme du capital ou la forme-Capital « n'a ni fin ni mesure »[3], ce qui fait d'elle une forme elle-même informe

---

1. C'est la perspective proposée par A. Cukier, *Le travail démocratique*, Paris, P.U.F., 2018.

2. G. Granel, *L'époque dénouée, op. cit.*, p. 150.

3. K. Marx, *Le Capital*, livre 1, chap. IV, trad. cit., p. 172.

et déformante, une forme sans limite, donc une forme fausse. Il s'agit donc de faire au sujet du travail ce que Granel proposait de faire au sujet du prolétariat, les deux n'étant évidemment pas sans lien : à savoir se souvenir que « "travail", selon les termes de Granel, se comprend non comme un simple réel », et donc le prendre « comme il faut prendre aussi "capital", c'est-à-dire comme ce que Marx nomme une "forme" » [1]. Il faudrait ainsi parvenir à transférer au travail « le privilège de l'idéalité » [2]. On pourrait certes exprimer la chose en disant qu'il s'agirait de parvenir à s'extraire de la forme du Capital pour passer à la « figure du travailleur » – mais il faudrait préciser que cette figure est encore à venir et qu'elle n'est pas, contrairement à ce qu'a cru Jünger [3], déjà présente et à l'œuvre, de sorte qu'il ne s'agit pas d'échapper ou de se soustraire à cette figure [4], mais au contraire de parvenir à l'instituer.

Les « critiques de la valeur » objecteront que le travail a *déjà* sous le capitalisme un tel privilège de l'idéalité, précisément sous la forme du travail abstrait : sauf que cela n'a rien d'un privilège puisqu'il ne s'agit pas d'une idéalité posée par le travail à partir de lui-même, mais d'une idéalité qui lui est imposée et à laquelle il est forcé de se soumettre en se dénaturant pour pouvoir être enrôlé dans le procès de production de la valeur. Faire du travail la forme et la force capables de configurer et donc de

---

1. G. Granel, *L'époque dénouée, op. cit.*, p. 150.
2. *Ibid.*, p. 153.
3. E. Jünger, *Le Travailleur*, trad. fr. J. Hervier, Paris, Christian Bourgois, 1989.
4. Selon le projet du même Jünger dans son *Traité du rebelle ou le recours aux forets*, trad. fr. H. Plard, Paris, Christian Bourgois, 1995.

délimiter (en lui-même et dans son rapport à la nature) un
mode social d'organisation de type associatif et coopératif,
ce serait sortir de l'actuelle société productive ou société
de travail, et passer à une société *du* travail, à une « Cité
du travail »[1].

1. *Cf.* Bruno Trentin, *La Cité du travail. Le fordisme et la gauche*,
introduction de A. Supiot, trad. fr. J. Nicolas, Paris, Fayard, 2012.

CHAPITRE IV

TRAVAIL ET UTOPIE : DE LA SOCIÉTÉ
DE TRAVAIL À LA SOCIÉTÉ DU TRAVAIL

> Tout cela illustre un travail qui, bien loin
> d'exploiter la nature, est en mesure de
> faire naître d'elle les créations virtuelles
> qui sommeillent en son sein. À l'idée
> corrompue du travail correspond l'idée
> complémentaire d'une nature qui, selon
> la formule de Dietzgen, "est là *gratis*".
>
> Walter Benjamin [1]

Lorsqu'on ouvre les textes écrits dans les années 30 par les théoriciens de l'Institut pour la recherche sociale de Francfort, on est frappé par le lien qui s'y établit d'emblée entre le travail et l'utopie. C'est particulièrement clair chez Horkheimer lorsque, dans « Théorie traditionnelle et théorie critique », il note que « les vues que la théorie critique tire de l'analyse historique et propose comme objectifs de

---

1. W. Benjamin, *Thèses sur le concept d'histoire*, Thèse XI, trad. fr. M. Löwy, dans M. Löwy, *Walter Benjamin : avertissement avant incendie. Une lecture des « Thèses sur le concept d'histoire »*, Paris, P.U.F., 2001, p. 84. Pour une reprise actuelle de l'idée d'une nature « *gratis* », rendue comme telle disponible à son exploitation capitaliste, et sur le lien entre une telle nature *gratis* et un travail également *gratis* (ou presque), voir R. Patel et Jason W. Moore, *A History of the World in Seven Cheap Things. A Guide to Capitalism, Nature, and the Future of the Planet*, Oakland-Berkeley, University of California Press, 2017.

l'activité humaine », à commencer par « l'idée d'une
organisation sociale conforme à la raison et aux intérêts
de la collectivité », que ces vues donc ne tombent pas du
ciel, ni ne sortent du seul esprit du théoricien critique, mais
« sont impliquées naturellement dans le travail humain,
sans être présentes sous une forme claire dans la conscience
individuelle et collective »[1]. De sorte que le rôle du
théoricien critique est précisément de produire cette
clarification et de favoriser cette prise de conscience. Le
lien s'établit ici aussitôt entre le travail, plus exactement
le travail social, et le contenu utopique, en l'occurrence
celui d'une « organisation sociale conforme à la raison ».
Ce lien repose sur la thèse essentielle, d'origine et de sens
hégéliens, en vertu de laquelle « *das Zusammenwirken der
Menschen in der Gesellschaft ist die Existenzweise ihrer
Vernunft* »[2], ce qu'on peut traduire ainsi : « l'œuvrer
ensemble (c'est-à-dire la coopération) des hommes dans
la société est le mode d'existence de leur raison »[3]. Le
contenu utopique, celui d'une « organisation fondée sur
la raison »[4], ou « l'idée d'une société future conçue comme
collectivité d'hommes libres »[5] se démarque de toute
« utopie purement abstraite »[6] en ceci que, précisément,

1. M. Horkheimer, « Théorie traditionnelle et théorie critique », dans
M. Horkheimer, *Théorie traditionnelle et théorie critique*, trad. fr.
C. Maillard et S. Muller, Paris, Gallimard, 1974, p. 45.
2. M. Horkheimer, *Traditionelle und kritische Theorie. Fünf Aufsätze*,
Frankfurt am Main, Fischer Taschenbuch Verlag, 1992, p. 220.
3. Dans la traduction française citée, la phrase est rendue par :
« l'activité collective des hommes est le mode d'existence spécifique de
leur raison », *op. cit.*, p. 34.
4. M. Horkheimer, *Théorie traditionnelle et théorie critique*, *op. cit.*,
p. 50.
5. *Ibid.*, p. 51.
6. *Ibid.*, p. 53.

il est pris appui sur « des tendances qui poussent à l'édification d'une société conforme à la raison », en même temps qu'il est « possible de démontrer que cette idée est réalisable dans l'état actuel des forces productives développées par l'homme »[1]. S'il s'agit, selon les termes de Horkheimer, « d'accélérer l'évolution vers une société libérée de l'injustice », c'est bien parce que le mouvement qui y conduit est déjà à l'œuvre et parce que le présent est déjà habité de la tendance qui y mène.

Conformément à l'idée que « la théorie critique n'exerce pas sa critique à partir de la seule idée pure » et qu'elle « ne juge pas en fonction de ce qui est au-dessus du temps, mais en fonction de ce qui est dans le temps »[2], Horkheimer peut ainsi poser que « les vues que la théorie critique tire de l'analyse historique et propose comme objectifs de l'activité humaine, à commencer par l'idée d'une organisation sociale conforme à la raison et aux intérêts de la collectivité, sont impliquées naturellement dans le travail humain »[3]. C'est donc bien le travail qui est le lieu où s'enracine la tendance vers une forme supérieure d'organisation sociale et économique, tendance que la théorie critique a pour fonction de maximiser en la rendant claire, consciente et explicite : « dans l'histoire moderne, écrit Horkheimer, chaque individu se voit invité à prendre à son compte les buts de la collectivité et réciproquement à reconnaître en ceux-ci les siens propres », de sorte qu'il « devient désormais possible de faire accéder au niveau

1. *Ibid.*
2. M. Horkheimer, « Appendice » à « Théorie traditionnelle et théorie critique », *op. cit.*, p. 90.
3. M. Horkheimer, « Théorie traditionnelle et théorie critique », *op. cit.*, p. 45.

de la conscience et de poser comme une finalité le processus de travail sous la forme que la société lui a donné »[1].

La pensée de l'autre représentant de la première génération de la Théorie critique, Adorno, semble être caractérisée par une réserve beaucoup plus grande relativement à la possibilité même d'une transformation de la société. Ce que Adorno exprime concernant l'horizon utopique tourne autour du concept de « possibilité objective » et des usages qu'il en fait, et sur lesquels nous reviendrons dans la suite. Mais en admettant même que le capitalisme tardif recèle encore en son sein de telles possibilités objectives, l'aspect le plus délicat et le plus problématique de la question ne semble pas se situer sur le versant objectif de la réalité sociale et des éventuelles possibilités qu'elle contient, mais plutôt sur le versant subjectif. Ainsi, dans son texte de 1968 intitulé « Capitalisme tardif ou société industrielle ? », Adorno note que les involutions objectives du « capitalisme libéral » ont leur corrélat dans « l'involution de la conscience, c'est-à-dire dans la régression des hommes en deçà de la possibilité objective qui leur serait aujourd'hui ouverte »[2]. Il se pourrait donc bien qu'il y ait encore des possibilités objectives, même dans les sociétés du capitalisme tardif, mais le risque est que les hommes ne soient plus capables de les saisir ou, pire, qu'ils s'empêchent eux-mêmes de les saisir.

Il y a ainsi, diagnostique Adorno, des formes de « régression subjective », dont relève par exemple le fait

1. M. Horkheimer, « Théorie traditionnelle et théorie critique », *op. cit.*, p. 44-45.
2. T. W. Adorno, « Capitalisme tardif ou société industrielle ? », dans *Société : Intégration, Désintégration. écrits sociologiques*, préface de A. Honneth, trad. fr. P. Arnoux, J. Christ, G. Felten, F. Nicodème, Paris, Payot & Rivages, 2011, p. 101.

que « le noyau de l'individuation commence à se désagréger » [1], ou encore le fait que nombreux sont aujourd'hui ceux qui seraient prêts à renoncer à une autonomie subjective qui fait désormais figure pour eux d'un poids et d'un fardeau devenus trop lourds à porter. Ce qui fait dire à Adorno que « les hommes perdent les propriétés dont ils n'ont plus besoin et qui ne feraient que les gêner », parmi lesquelles – excusez du peu – « la rationalité du moi stable et identique à soi » [2]. Il y a donc ceux qui sont prêts à renoncer à leur autonomie parce que la société administrée n'offre plus d'espace d'exercice à cette autonomie et parce qu'elle transforme leur propre autonomie en un poids embarrassant pour les individus, auxquels il faut ajouter ceux qui sont tout simplement empêchés d'accéder à l'autonomie et qui n'ont donc même pas à en faire le sacrifice. C'est ce que notait Adorno dans un texte de 1954, « Remarques sur la politique et la névrose », où il voyait dans « l'impossibilité économique à maîtriser sa vie à partir de sa propre force », et donc de façon autonome, « une impossibilité qui pousse avec une rationalité "diabolique" les individus dans les bras des mouvements de masse hétéronomes » [3].

On retrouve sous la plume d'Adorno un diagnostic comparable et tout aussi pessimiste dans ses *Modèles critiques*, quand il note que « l'ordre économique et l'organisation économique rendent la majorité des hommes dépendants de facteurs qui leur échappent et les empêchent

1. *Ibid.*
2. *Ibid.*
3. T. W. Adorno, « Remarques sur la politique et la névrose » [1954], dans Adorno, *Le conflit des sociologies. Théorie critique et sciences sociales*, trad. fr. P. Arnoux, J.-O. Bégot, J. Christ, G. Felten, F. Nicodème, Paris, Payot & Rivages, 2016, p. 74.

d'accéder à la majorité ; [de sorte que] s'ils veulent vivre,
ils n'ont d'autre ressource que de s'adapter et de se plier
à la réalité donnée ; ils sont contraints de tirer un trait sur
cette subjectivité autonome à laquelle se réfère l'idée même
de démocratie et ne peuvent survivre que s'ils renoncent
à être eux-mêmes ; [...] la nécessité d'une telle adaptation,
d'une identification avec la réalité donnée, avec le pouvoir
en tant que tel, contient en puissance le totalitarisme » [1].
Avec ce renoncement à l'autonomie, tant individuelle que
sociale et collective, c'est aussi l'horizon utopique qui
semble de refermer : loin de pouvoir se porter encore
au-delà d'elle, les individus sont contraints pour survivre
de s'adapter à la société existante, et les phénomènes de
« durcissements psychologiques » que l'on constate à leur
niveau sont en réalité « des moyens d'adaptation à une
société durcie » [2].

Mais le même Adorno constate aussi que ces formes
de régressions subjectives, si elles sont réelles et massives,
n'empêchent pas qu'il émerge aussi des formes de résistance,
particulièrement, dit-il, « dans les groupes les plus divers
de la jeunesse » : il mentionne ainsi des résistances « contre
l'adaptation aveugle » et pour « la liberté de choisir
rationnellement des objectifs », qui prennent appui sur « la
remémoration de la possibilité d'un changement ». Le plus
étonnant est qu'Adorno attribue ces formes de résistances
aux mouvements de jeunesse qui, en 68, l'ont précisément
contesté dans sa légitimité d'intellectuel et dans son rôle
de professeur, sans noter explicitement que les exemples
qu'il donne – hostilité à l'adaptation aveugle, liberté de

1. T. W. Adorno, « Que signifie : repenser le passé ? », dans *Modèles
critiques*, trad. fr. M. Jimenez et E. Kaufholz, Paris, Payot, 1984, p. 107.

2. T. W. Adorno, « Remarques sur la politique et la névrose », *op. cit.*,
p. 75.

choisir les objectifs de façon autonome, souvenir de la possibilité de faire autrement – que ces exemples, donc, sont ceux de formes de résistance dont le lieu natif est la sphère du travail, et cela en dépit du fait que ces mêmes mouvements de jeunesse se revendiquaient souvent d'une hostilité de principe au travail salarié. Où peut-on mieux et ailleurs que dans le travail vouloir résister à l'impératif d'une adaptation aveugle et vouloir déterminer soi-même les objectifs, où mieux et ailleurs que dans l'activité vivante de travail, peut se former la conscience de ce qu'il est possible de « faire autrement » ? Ici c'est le texte même de Adorno et ce sont les expressions précises qu'il utilise (résistance à l'adaptation, choix autonome des objectifs, possibilité de faire autrement) qui semblent indiquer la persistance chez lui de l'idée qu'il existe dans le travail non seulement des possibilités objectives, mais aussi des capacités ou des aptitudes subjectives à se saisir de ces possibilités objectives.

LA POSSIBILITÉ DE FAIRE AUTREMENT

Il semble donc qu'il y ait malgré tout encore place pour l'utopie chez Adorno et que la société totalement administrée ne parvienne pas à refermer complètement l'horizon utopique. Pour le comprendre, il faut commencer, comme le fait Adorno, par distinguer entre l'utopie et l'idéal. S'agissant de l'idéal – et nous nous appuyons ici sur les leçons que Adorno a consacrées en 1964-1965 à *La doctrine de l'histoire et de la liberté*[1] – s'agissant de l'idéal donc, Adorno souscrit sans difficulté à la critique que Hegel en

---

1. T. W. Adorno, *Zur Lehre von der Geschichte und von der Freiheit (1964/65)*, hrsg. von R. Tiedermann, Frankfurt am Main, Suhrkamp, 2016 (4. Auflage), 7. Vorlesung, p. 99.

a faite lorsqu'il a récusé toute pertinence à un « idéal
abstrait », c'est-à-dire à un idéal « qui n'a rien à voir avec
le cours même du monde », ou un idéal dont « les conditions
de réalisation ne sont pas arrivées à maturité au sein même
du cours du monde »[1]. Mais l'utopie doit précisément être
distinguée d'un idéal abstrait de ce genre et être comprise
en tant que « possibilité objective », c'est-à-dire comme
une possibilité qui existe objectivement au sein même de
l'effectivité historique et sociale. Ce qui ne dit pas encore
comment doit être comprise cette possibilité objective, ni
en quoi elle consiste.

Il faut définir ce « possible concret » de telle sorte qu'il
soit, comme dit Adorno, « la figure sous laquelle une
critique du cours du monde soit effectivement légitime »[2].
Cette possibilité concrète, ajoute Adorno, se définit comme
« la possibilité de faire autrement » : une pareille possibilité,
ajoute-t-il, « a toujours été là, y compris dans des époques
de bien plus faible développement des forces productives »,
mais cette possibilité a également toujours été « omise »,
« manquée » ou « ratée » (*versäumt*)[3]. Il est très important
aux yeux d'Adorno d'affirmer que cette possibilité réelle,
la possibilité de « faire autrement », a toujours été à la fois
présente et manquée. Poser qu'elle a toujours été présente
permet de rompre avec l'idée que cette possibilité ne serait
apparue qu'à un stade récent de développement des forces
productives, et donc de rompre avec l'historicisme du
marxisme traditionnel comme historicisme de la production.
Il est faux de prétendre que la possibilité concrète de faire
autrement ne pouvait apparaître qu'au stade moderne,

---

1. T. W. Adorno, *Zur Lehre von der Geschichte und von der Freiheit
(1964/65)*, *op. cit.*, p. 99.
    2. *Ibid.*
    3. *Ibid.*

c'est-à-dire capitaliste du développement des forces productives, et Adorno insiste sur le fait que cette possibilité d'une « organisation rationnelle de l'humanité » [1] a aussi et déjà existé dans des époques antérieures et dans des « rapports moins complexes, plus étroits et incomparablement plus modestes du point de vue du nombre des êtres humains concernés » [2].

Mais cette possibilité réelle, toujours déjà présente, a aussi toujours été manquée et ratée. Et elle l'a été parce qu'on lui a toujours opposé la même rengaine selon laquelle « ça ne peut pas marcher », « ça n'est pas possible ». « Que cela n'ait pas marché, que cela aurait été impossible, c'est là encore, selon Adorno, l'une de ces propositions qui ne doivent leur plausibilité qu'au fait qu'elles ne sont à vrai dire prononcées que par les vainqueurs » [3]. Contre cela il faut, selon Adorno, affirmer que « le critère de la critique qui autorise la raison, ou mieux : qui contraint et oblige la raison à s'opposer à la surpuissance du cours du monde – que ce critère réside constamment et en chaque situation dans le fait d'indiquer la possibilité concrète de faire autrement qui est développée et présente dans une société, et que l'on ne doit pas pour ainsi dire enjamber en la prenant pour une utopie abstraite » [4], ou en s'en allant répétant : « mais ça ne marche pas et ça ne marchera jamais ».

D'où la critique à laquelle Adorno soumet l'hégélianisme et, de façon générale, ce qu'il appelle la « pensée idéaliste identificatrice » : en identifiant l'effectivité à l'esprit et l'esprit à l'effectivité, c'est-à-dire en posant l'équivalence de l'effectivité et de la possibilité, cette pensée tend à

1. *Ibid.*, p. 100.
2. *Ibid.*
3. *Ibid.*
4. *Ibid.*

supprimer la tension avec l'effectivité et à abolir par là même toute instance critique. Le tort de cette forme de pensée, aux yeux d'Adorno, est de conduire, comme il le dit, à « diffamer la possibilité »[1] : l'identification de la possibilité à l'effectivité engendre « l'ablation (*Abschneidung*) de la possibilité en tant qu'elle est ce moment subjectif de tension qui, sur le versant subjectif, correspond exactement à ce qui, sur le versant objectif, est l'étant non-identique »[2]. La possibilité de la critique repose ainsi doublement sur le non-identique : du côté *objectif*, la non-identité de l'effectivité sociale avec elle-même et, du côté *subjectif*, la non-identité qui consiste dans l'ouverture au possible, la « possibilité réelle » étant en quelque sorte le point de rencontre de cette double non-identité. Le préjugé et l'omniprésente rengaine, en vertu desquels aucune utopie n'est permise et rien d'autre n'est possible que l'existant, ne sont selon Adorno que les versions « sécularisées » et « vulgarisées » de la philosophie idéaliste identifiante ou identificatrice.

Il faut donc maintenir que « la possibilité de faire autrement » a toujours existé et existe toujours. Mais il faut aussi et surtout s'efforcer de préciser le lieu où cette possibilité existe le plus objectivement et le plus effectivement. Nous posons quant à nous que c'est dans leur activité de travail que les hommes sont le plus directement, le plus concrètement et le plus effectivement confrontés à la possibilité réelle de « faire autrement ». La contrepartie de cette possibilité réelle existant dans le travail est inversement que c'est aussi dans la sphère du

---

1. T. W. Adorno, *Zur Lehre von der Geschichte und von der Freiheit (1964/65)*, *op. cit.*, p. 101.
   2. *Ibid.*, p. 100.

travail qu'il est plus que nulle part ailleurs indispensable, du point de vue du système, de convaincre les individus qu'il n'est absolument pas possible de faire autrement, que cela ne dépend pas d'eux et qu'il est impossible de changer quoi que ce soit à la façon dont ils travaillent.

Mais le plus inattendu est sans doute que cette hypothèse – à savoir que le travail puisse être le lieu de formation de l'utopie entendue comme possibilité réelle de faire autrement – paraisse ne pas avoir été étrangère à Adorno. Au plus loin de et même explicitement *contre* « l'éloge bourgeois du travail », contre « l'identification pompeuse du travail à l'absolu »[1] et contre aussi « l'hypostase du travail en absolu », c'est-à-dire contre toute « métaphysique du travail »[2], Adorno n'en pose pas moins « qu'il n'y a rien dans le monde qui n'apparaisse à l'homme autrement que dans et par le seul travail » et qu'il « n'y a pas de connaissance qui ne soit passée par le travail »[3].

LA RUSE DE LA PRODUCTION

Je m'appuie ici sur l'étude intitulée « Aspects », la première des *Trois études sur Hegel*, où Adorno explique que « la théorie de la connaissance – et il s'agit ici de celle de Hegel – accumule les pirouettes jusqu'au moment où le donné aura l'air d'avoir été lui-même produit par l'esprit », ce qui ne veut rien dire d'autre sinon qu'il s'agit « d'escamoter le fait que l'esprit lui aussi est encore soumis à la contrainte du travail et qu'il est lui-même travail »[4].

1. T. W. Adorno, *Trois études sur Hegel*, traduction du Collège de philosophie, Paris, Payot & Rivages, 2003, p. 33.
2. *Ibid.*, p. 32.
3. *Ibid.*, p. 33.
4. *Ibid.*, p. 34.

En d'autres termes, l'hégélianisme témoignerait plus que d'autres philosophies de cette tension entre, d'un côté, la reconnaissance du caractère irréductible et inéliminable du travail et, d'un autre côté, la tentation de le nier, mais sous la forme paradoxale d'une absolutisation du travail ou d'une identification du travail à l'absolu – ce qui a pour conséquence de faire disparaître la dimension irréductiblement matérielle du travail. Comme l'écrit Adorno, « quand le travail va jusqu'à s'ériger purement et simplement en principe métaphysique, cela revient ni plus ni moins à éliminer systématiquement ce qui est "matériel", à quoi tout travail se sent lié, qui lui prescrit ses propres limites »[1]. Où l'on voit que l'absolutisation du travail est en réalité toujours celle du travail *intellectuel* et qu'elle s'accompagne de l'occultation du travail matériel et manuel, du travail physique confronté aux limites que lui impose la matière.

Mais « le travail manuel fait immédiatement et constamment retour, pour rappeler son existence, dans tout processus intellectuel, représentation dérivée, produite par l'imagination, d'une activité physique »[2]. Cela s'aperçoit chez Hegel lui-même, certes bien malgré lui, et Adorno en donne comme exemple le développement que le philosophe de Iéna consacrait à la « religion naturelle » dans la *Phénoménologie de l'esprit* : « l'esprit se manifeste ici, écrit Hegel, comme l'artisan » et « les cristaux des pyramides et des obélisques sont les travaux de cet artisan de la stricte forme ». Ce que ce passage de la *Phénoménologie* rend manifeste et évident, selon Adorno, c'est que le travail est « l'essence de l'esprit productif hégélien ». On sait que l'esprit hégélien est essentiellement productif, mais il

---

1. T. W. Adorno, *Trois études sur Hegel*, *op. cit.*, p. 34.
2. *Ibid.*, p. 32.

apparaît en outre ici que l'essence de la production est le travail, ou que le travail dans sa dimension matérielle est l'essence – certes cachée ou déniée – de la productivité spirituelle hégélienne.

La production est ainsi en réalité le nom que prend le travail quand il est absolutisé, quand sa dimension matérielle est occultée et fait l'objet d'une dénégation. *Une philosophie de la production est une philosophie qui nie le travail paradoxalement en l'absolutisant.* Dans une philosophie de la production, « le travail humain, sous sa forme concrète, a été intégré aux déterminations essentielles de l'esprit en tant qu'absolu » [1], et par là même, il aura précisément été nié en tant que travail humain concret, en tant qu'activité humaine matérielle et concrète.

Mais il faut encore ajouter qu'il y a néanmoins bel et bien quelque chose de vrai dans cette absolutisation du travail qui le nie comme travail concret et l'infinitise ou le totalise comme production ou productivité : c'est que cette absolutisation correspond *effectivement* à ce qui se passe réellement sous le capitalisme. C'est pourquoi Adorno peut écrire que « même cette identification pompeuse du travail à l'absolu n'en est pas moins pertinente : pour autant que le monde forme un système, il ne le devient précisément que grâce à l'universalité fermée du travail social ; celui-ci est en fait la médiation radicale aussi bien entre l'homme et la nature qu'ensuite au sein de l'esprit existant pour soi qui ne tolère rien en dehors de lui et proscrit la mémoire de ce qui pourrait lui être extérieur » [2], tout comme il proscrit aussi, ajouterai-je, l'anticipation de ce qui pourrait être autre et différent.

1. *Ibid.*
2. *Ibid.*, p. 33.

Cela signifie que l'absolutisation philosophique ou métaphysique du travail exprime et correspond à ce qu'Adorno appelle ici « travail social », et plus précisément à la forme que prend le travail social sous le capitalisme, à savoir celle du travail abstrait formateur de valeur, c'est-à-dire au travail en tant qu'il est le travail justement nommé « productif » ou le travail permettant la valorisation de la valeur. Où l'on voit que l'absolutisation du travail est en fait son identification au travail productif, c'est-à-dire au travail considéré comme socialement productif dans le cadre du capitalisme, et que cette absolutisation de la production ne va pas sans en même temps l'occultation de la domination que subit le travail réel, matériel, vivant et concret, c'est-à-dire l'occultation de quelque chose qui relève très précisément de ce qu'Adorno appelle le non-identique.

Ce réel du travail dominé et soumis par la violence à l'enrôlement productif, c'est-à-dire au procès d'extraction de la survaleur, est justement ce qui empêche que la réconciliation soit effective, alors même qu'elle est présentée comme déjà réalisée par la pensée idéaliste de l'identité : mais, tandis que « l'anticipation philosophique de la réconciliation fait outrage à une réconciliation réelle », le réel du travail dominé est là pour témoigner contre cette prétendue réconciliation. Le réel du travail est ainsi ce qui permet de distinguer entre « la réconciliation accomplie », qui ne l'est précisément pas, et le « système sans faille » qui, lui, règne réellement.

Ce qui conduit Adorno à l'idée que « le monde conçu par le système hégélien s'est littéralement révélé comme système, à savoir comme le système d'une société complètement socialisée, et ce d'une façon diabolique » [1].

---

1. T. W. Adorno, *Trois études sur Hegel*, *op. cit.*, p. 35.

L'idée hégélienne du système est devenue réelle sous la forme du « caractère systématique de la société », et elle est plus exactement devenue réelle sous la forme d'une société entièrement soumise à la fois à l'impératif de la production et à la logique de l'échange généralisé, les deux étant inséparables en tant qu'ils sont les deux conditions essentielles qui permettent l'accumulation et la valorisation indéfinies de la valeur elle-même.

« Le monde unifié dans la "production" par le travail social suivant la relation d'échange […] réalise effectivement le primat du tout sur les parties »[1] : elle réalise la socialisation totale du travail comme travail abstrait et productif, socialisation totale qui est elle-même vue par Adorno comme la réalisation de « la pensée hégélienne du système dans tous ses excès »[2], c'est-à-dire dans sa tendance à la négation du non-identique incarné en l'occurrence par le réel du travail vivant et matériel en tant qu'il ne peut précisément pas être réduit au travail productif, sinon par la violence qui le soumet à la logique impérative de l'échange généralisé et de la production de valeur qui lui est fondamentalement extérieure et étrangère.

Ce qu'on trouve dans ce texte d'Adorno, le plus souvent lu comme une critique de l'absolutisation du travail, c'est une critique non du travail comme tel, mais de la production, c'est-à-dire une critique de l'enrôlement productif du travail, une critique de la captation du travail par la logique réelle et totalisante de la production de valeur et de l'échange marchand. L'objet de la critique n'est pas ici une société du travail, mais une société entièrement vouée à ce qu'Adorno nomme « le culte de la production »[3] : le monde

1. *Ibid.*
2. *Ibid.*
3. *Ibid.*

qui est ici l'objet de la critique n'est pas le monde qui résulte du travail – ce qui n'aurait guère de sens puisqu'il n'y a pas selon Adorno de monde humain qui ne résulte du travail – non, ce qui est l'objet de la critique, c'est « le monde de l'activité productrice effrénée, oublieuse de sa destination humaine »[1].

Et Adorno pointe ici en même temps un aspect essentiel de la production, à savoir sa capacité à se faire oublier et à se rendre invisible (alors même qu'elle est omniprésente et intégralement dominante), en particulier en se dissimulant derrière le travail et en entretenant la confusion entre elle-même et le travail, y compris négativement auprès des théoriciens critiques eux-mêmes : leur critique de la production prend en effet souvent la forme d'une critique du travail dont la conséquence est de rester dans l'ignorance des possibilités réelles dont le travail social est riche pour peu qu'il se libère de sa soumission à la production de valeur. Il revient donc, dans ces conditions, au théoricien critique de mettre au jour et de rendre manifeste « cette faculté qu'a la production à s'oublier elle-même, [elle qui est] le principe d'expansion insatiable et destructeur de la société d'échange »[2].

Il y aurait ainsi quelque chose qu'on pourrait appeler la *ruse de la production* qui consisterait à se dissimuler comme telle derrière le travail et à entretenir la confusion entre elle-même et le travail. La théorie critique est victime de cette ruse quand elle propose une critique du travail en lieu et place d'une critique de la production, ou quand elle pose que critique du travail et critique de la production sont une seule et même chose, ou encore quand elle propose

1. T. W. Adorno, *Trois études sur Hegel*, *op. cit.*, p. 35.
2. *Ibid.*

une critique du capitalisme du point de vue du travail en lieu et place d'une critique de ce que le capital fait au travail en le rendant productif, c'est-à-dire formateur de valeur [1]. Et si l'on reste dans la tradition de la théorie critique francfortoise, on trouve en Habermas un bon exemple de la confusion entre critique de la production et critique du travail, entre critique de la société du travail et critique de la société de (la) production.

CRISE DE L'ÉTAT PROVIDENCE ET FIN DE LA SOCIÉTÉ *DE* TRAVAIL [2] ?

C'est dans un texte de 1984 que Jürgen Habermas faisait déjà le diagnostic de ce qu'il appelait « l'épuisement des énergies utopiques » (*die Erschöpfung utopischer Energien*) [3]. Habermas partait de la forme spécifiquement moderne de l'utopie, résultant de ce que Koselleck avait

1. *Cf.* M. Postone, *Temps, travail et domination sociale*, trad. fr. O. Galtier et L. Mercier, Paris, Mille et Une Nuits, 2003, notamment p. 92.

2. Nous proposons d'introduire une distinction entre la « société de travail » (*Arbeitsgesellschaft* dans le texte de Habermas) et la « société du travail » (*Gesellschaft der Arbeit*, faudrait-il dire en allemand) : la première est celle qui a prévalu, en tant qu'époque du salariat, tout au long du XXᵉ siècle, elle est celle dont Habermas ou Gorz ont diagnostiqué la fin à partir du début des années 1980 (elle est, selon nous, la société de production ou la société du travail productif, avec laquelle il devient urgent de rompre) ; quant à la seconde, elle n'existe pas encore et, en ce sens, relève de l'utopie.

3. J. Habermas, « La crise de l'État-providence et l'épuisement des énergies utopiques », dans *Écrits politiques. Culture, droit, histoire*, trad. fr. C. Bouchindhomme et R. Rochlitz, Paris, Champs-Flammarion, 1999 ; en allemand : J. Habermas, « Die Krise des Wohlfahrtsstaates und die Erschöpfung utopischer Energien » [1984], dans J. Habermas, *Die Moderne, ein unvollendetes Projekt. Philosophisch-politische Aufsätze 1977-1990*, Leipzig, Reclam Verlag, 1990.

appelé la « temporalisation de l'utopie » (*die Verzeitlichung der Utopie*) [1] et que Habermas interprète comme l'amalgame spécifiquement moderne de la conscience historique et de la conscience utopique, l'utopie devenant dans la modernité « un médium non suspect au moyen duquel on peut projeter des possibilités de vie alternatives, susceptibles de s'inscrire dans le processus historique lui-même » [2]. Or le diagnostic que posait Habermas dès le milieu des années 80 était que, précisément, « cet amalgame de la pensée historique et utopique » était en train de se défaire.

Mais c'est aussi et précisément parce que cet amalgame est en train de se défaire qu'il devient plus aisé de déterminer autour de quoi il s'était constitué. Avec le recul qu'autorise sa dissolution, on peut dire que l'amalgame proprement moderne de la conscience historique et de la conscience utopique s'est structuré autour du *travail*. Le diagnostic d'Habermas pouvait ainsi se préciser : « c'est une certaine utopie qui est arrivée à sa fin, celle qui dans le passé s'était cristallisée autour du potentiel qui résidait dans la société du travail » [3]. Encore faut-il préciser de quel travail il s'agit, ce qu'Habermas fait aussitôt :

> Les classiques de la théorie sociale, de Marx à Max Weber, étaient en cela d'accord : la structure de la société civile-bourgeoise porte en elle la marque du travail abstrait à travers le type de travail qu'est le travail salarié, régulé par le marché, mis à profit par le capitalisme et organisé par la forme de l'entreprise. Dans la mesure où la forme de ce travail abstrait a déployé une force qui a pu tout

1. R. Koselleck, « Die Verzeitlichung der Utopie », dans W. Vosskamp (Hrsg.), *Utopieforschung*, Stuttgart, Metzler, 1982, Band 3.

2. J. Habermas, « La crise de l'État-providence et l'épuisement des énergies utopiques », dans *Écrits politiques*, *op. cit.*, p. 142.

3. *Ibid.*, p. 145.

imprégner, et qui a pénétré tous les domaines, les attentes utopiques étaient conduites à se porter elles aussi vers la sphère de la production, ou pour le dire d'une formule, à vouloir que le travail s'émancipe de ce qui l'aliénait. [Ces attentes utopiques] se sont cristallisées dans l'image d'une organisation sociale fondée sur le travail et réunissant des producteurs libres et égaux. [1].

Remarquons d'emblée ce qui semble être une ambiguïté du texte d'Habermas : partant à juste titre de la forme salariale prise par le travail dans les sociétés modernes, Habermas considère que l'extension de cette forme a engendré le centrage des attentes utopiques sur le travail lui-même, attentes utopiques qui se portaient en direction d'une émancipation du travail à l'égard de ce qui l'aliène. Soit, mais c'est semble-t-il faire assez peu de cas du fait que, parmi les facteurs très tôt diagnostiqués à titre de cause majeure de l'aliénation du travail, il y a précisément la forme salariale elle-même : autrement dit, le contenu de l'attente utopique se formulant comme libération du travail était celui d'une libération à l'égard du salariat ou de la forme salariale du travail. Il faudrait donc être plus prudent que ne l'est Habermas ici quand il écrit que « les attentes utopiques étaient conduites à se porter vers la sphère de la production », car si ces attentes se portaient en effet vers la sphère de la production, c'étaient bien souvent sous la forme d'une critique de la production, le problème étant précisément l'enrôlement du travail, de l'activité de travail dans et par la production, et le propre du procès de production capitaliste étant qu'il unifie le procès de travail et le procès de valorisation du capital. Si c'est cette unité qu'il faut défaire, alors cela veut bien dire

1. *Ibid.*

que c'est de la production marchande qu'il faut sortir et de la forme qu'elle impose au travail, celle précisément du travail abstrait. Ainsi lorsque, un peu plus loin dans le texte, Habermas définit le « noyau utopique » comme ayant été celui de « la libération du travail hétéronome »[1], il n'établit pas le rapport avec le « travail abstrait » et le travail salarié, en tant que forme sociale de cette abstraction, dont il a parlé auparavant, et du coup il ne voit pas non plus que le projet d'une libération du travail hétéronome impliquait la libération à l'égard de la forme spécifiquement moderne de cette hétéronomie, à savoir justement le salariat. De même, lorsqu'il précise le contenu de l'utopie propre à la société du travail en disant que « c'est de la production elle-même que devait procéder la vie en commun des travailleurs librement associés »[2], il ne relève pas le fait que ce programme n'avait de chance de se réaliser qu'à la condition d'une transformation radicale de la production, de l'appropriation de ses conditions par les travailleurs et de la déconnexion entre procès de production et procès de valorisation.

En d'autres termes, il semble que Habermas produise une sorte de court-circuit historique en mettant directement en rapport des contenus utopiques typiques du mouvement ouvrier du XIXᵉ siècle avec la phase historique postérieure de construction de l'État social, qui a été une période à la fois d'intégration de la classe ouvrière dans une société salariale, de conquêtes de droits sociaux et de construction de l'État social autour d'un compromis de classe. Mais le problème est que l'État social de la période du compromis

1. J. Habermas, « La crise de l'État-providence et l'épuisement des énergies utopiques », dans *Écrits politiques*, *op. cit.*, p. 148.
2. *Ibid.*, p. 145.

fordiste, des années 30 aux années 60, est très éloigné des utopies associationistes et coopérativistes portées par le mouvement ouvrier dans le courant du XIXe siècle. Ainsi, lorsque Habermas note « qu'après la Seconde Guerre mondiale, dans les pays occidentaux, tous les partis de gouvernements ont conquis leur majorité en prônant des objectifs favorables à l'État social »[1], il est clair qu'il ne pense pas uniquement aux partis sociaux-démocrates, mais aussi aux partis bourgeois, et donc qu'il s'agit bien de la construction de l'État social dans le cadre d'un compromis de classe dont le mouvement ouvrier ne pouvait pas avoir la moindre idée un siècle plus tôt et qui n'a en aucune façon constitué le noyau originel de ses attentes utopiques.

Or c'est de ce compromis et de l'État social qui en était sorti que Habermas fait très justement le diagnostic de la fin : « c'est depuis le milieu des années 70 que sont apparues les limites d'un tel projet d'État social » – sur ce point, on ne peut évidemment que lui donner raison, toute la suite de ce qui s'est passé depuis le milieu des années 80 venant confirmer un diagnostic que Habermas a l'incontestable mérite d'avoir fait très tôt. Mais ce qui paraît en revanche beaucoup plus discutable, c'est la thèse selon laquelle la crise de l'État social emporterait avec elle toutes les utopies qui ont été portées par ce que Habermas appelle la « société de travail » (*Arbeitsgesellschaft*), et jusqu'à la possibilité même d'articuler encore l'un à l'autre travail et utopie.

Mais il faut commencer par préciser davantage la nature du diagnostic proposé par Habermas et voir que ce dont il diagnostique la fin, ce n'est pas tant de l'État social que de la société de travail. En ce sens, ces textes du Habermas des années 80 participent du mouvement d'ensemble qui

1. *Ibid.*, p. 147.

caractérisait l'époque et qui portait de nombreux penseurs, au demeurant très différents les uns des autres, à partager l'idée d'une sortie ou d'une fin de la société de travail – une thèse promue en France à la même époque par André Gorz[1]. Habermas partage cette idée, mais il ne désespère pas pour autant de l'État social : celui-ci, selon lui, ne doit pas être abandonné, mais porté à un degré plus élevé de réflexion qui, lorsqu'il sera atteint, ne pourra plus être articulé autour ni à partir du travail.

Le niveau initial et l'enjeu de base autour desquels s'articulait le projet d'État social étaient ceux d'une entreprise de « domestication sociale du capitalisme » : au tournant du XXᵉ siècle, le projet socialiste initial, porté par le mouvement ouvrier, d'une libération du travail, c'est-à-dire d'une suppression ou abolition des formes d'aliénation et d'hétéronomie que subissait le travail, a pris la forme plus modeste d'un programme de conquête de protections pour la force de travail. Et c'est ce programme qui a été mené à bien sous la forme de la construction de l'État social : l'ambitieux programme initial d'une libération du travail à l'égard des formes d'hétéronomie qu'il subissait a alors mué et pris la forme d'un programme plus modeste, consistant à « humaniser un travail dont les conditions restent fixées par des instances autres que le travailleur lui-même »[2]. Le mouvement ouvrier et ses représentants politiques et syndicaux se sont alors rabattus sur un programme d'obtention de « dispositions compensatoires qui devaient contrebalancer les risques majeurs inhérents au travail salarié (accident, maladie, perte de l'emploi,

---

1. *Cf.* A. Gorz, *Métamorphoses du travail. Critique de la raison économique*, Paris, Galilée, 1988 (rééd. Paris, Folio-Gallimard, 2004).

2. J. Habermas, « La crise de l'État-providence et l'épuisement des énergies utopiques », dans *Écrits politiques, op. cit.*, p. 148.

absence de retraite de vieillesse) »[1]. Ainsi ont été conquises les conditions qui permettaient que « le citoyen soit dédommagé pour la pénibilité qui reste attachée au statut du salarié [...] par des droits dans son rôle d'usager des bureaucraties mises en place par l'État providence, et par du pouvoir d'achat dans son rôle de consommateur de marchandises »[2].

On voit comment ce que Habermas appelle « la matière à conflit » que recèle et que continuait de receler le statut de salarié, à savoir la position de subordination, mais aussi la pénibilité des emplois occupés, ou encore la difficulté à accéder aux biens marchands, à l'éducation et à la culture en raison de salaires modestes – que cette matière à conflit, donc, était « neutralisée » grâce aux compensations obtenues par la mise en place de services publics de santé, d'éducation, de transport financés par l'impôt et grâce aux protections assurantielles obtenues contre la maladie, la vieillesse, l'accident ou la perte de l'emploi. C'est cette « neutralisation de la matière à conflit » impliquée par le maintien et même la généralisation de la condition de salarié qui a elle-même permis de « pacifier l'antagonisme de classe ». Et c'est de cette façon que l'État social a rempli sa principale mission, celle d'une domestication sociale du capitalisme.

Le problème n'est pas ici d'identifier les obstacles externes, par exemple en termes de capacités à se financer de façon durable, sur lesquels l'État social ainsi conçu, à savoir comme la mise en œuvre d'un programme de domestication du capitalisme, a fini par venir buter, mais de mettre au jour les limites qui lui étaient d'emblée inhérentes et qui ont fini par apparaître au grand jour. Nous

1. *Ibid.*
2. *Ibid.*

savons quel a été le projet porté par l'État social, à savoir le projet de « venir à bout du travail hétéronome », en permettant que « le statut de citoyen, appliqué à la sphère de production, puisse devenir le noyau de cristallisation de formes de vie autonomes »[1]. Et nous savons aussi quels ont été les moyens ou quelle a été la méthode utilisée pour parvenir à cet objectif : à savoir l'État lui-même, l'ensemble de ses administrations, la création de nouvelles administrations, telle celle permettant la mise en œuvre de la sécurité sociale, et la construction de grands services publics de santé, d'éducation, de transport – en bref, la méthode et les outils ont été l'administration publique et la bureaucratie d'État. On a là les deux ingrédients essentiels : d'une part ce que Habermas appelle la société de travail, et qu'il vaudrait certainement mieux appeler la société salariale, c'est-à-dire la société dans laquelle le travail n'est productif qu'à la condition de se soumettre à la forme salariale, ou bien la société centrée sur la forme salariale comme forme dominante de la productivité du travail, et d'autre part l'État social comme État administratif et bureaucratique.

L'obstacle interne sur lequel est venu buter l'État social est précisément représenté par le moyen de sa propre mise en œuvre, à savoir le pouvoir et la bureaucratie d'État, conçus comme de simples moyens, c'est-à-dire comme des instruments neutres en eux-mêmes. Ce qui a fini par apparaître au grand jour, c'est que « les moyens juridico-administratifs destinés à appliquer les programmes de l'État social ne constituaient nullement un médium passif

---

1. J. Habermas, « La crise de l'État-providence et l'épuisement des énergies utopiques », dans *Écrits politiques*, *op. cit.*, p. 155.

et pour ainsi dire anodin »[1]. En d'autres termes, il a fini par apparaître que l'État social, en tant que dispositif administratif et bureaucratique, était un moyen qui contredisait la fin qu'il était censé servir, à savoir l'émancipation : en tant qu'il est inséparable de pratiques et de dispositifs de surveillance et de normalisation, l'État social fait subir à un monde vécu « réglementé, viviséqué, contrôlé et surveillé » des « déformations » qui sont certes plus « raffinées », mais non moins destructrices que les « formes tangibles de l'exploitation et de la paupérisation ». En sorte que « la contradiction entre le but et la méthode est inhérente au projet d'État social en tant que tel »[2] : son but était « d'instituer des formes de vie structurées de manière égalitaire qui [étaient] censées libérer des espaces propices à la réalisation individuelle de soi et à la spontanéité »[3], mais c'est l'inverse qui s'est produit. Il a engendré des dispositifs centralisés, bureaucratisés, hiérarchiques et réifiants qui sont au contraire des obstacles à la spontanéité et à la réalisation individuelle de soi. L'État social et donc le médium du pouvoir sont des moyens inadaptés quand la fin est de produire des formes de vie émancipées, et c'est beaucoup trop demander à ces moyens-là que de leur demander de produire des formes de vie de ce genre.

D'où le niveau supérieur de réflexion qui a été atteint eu égard à l'État social lui-même : sans renoncer aux fins émancipatrices qu'il était censé servir, il est devenu clair que ces fins ne sont atteignables qu'à la condition que soient domestiqués non pas seulement l'économie

1. *Ibid.*, p. 153.
2. *Ibid.*
3. *Ibid.*

capitaliste, mais l'État lui-même. C'est ce que Habermas devait redire en 1990 dans le texte qu'il rédigea au moment de la chute du Mur, « La révolution de rattrapage » : « le projet d'État social est entre-temps devenu réflexif ; les conséquences secondaires de la juridification et de la bureaucratisation ont privé de leur innocence les moyens apparemment neutres du pouvoir administratif à travers lesquels la société a cherché à agir sur elle-même ; il est désormais nécessaire d'étendre la "domestication sociale" à l'État interventionniste lui-même »[1].

Si l'on peut tout à fait partager ce diagnostic et considérer que Habermas a raison de vouloir tirer les conséquences aussi bien de l'effondrement à l'Est du socialisme d'État que de l'entrée en crise à l'Ouest de la social-démocratie, et de rapporter ces deux phénomènes à une même cause, à savoir l'absence de distance critique à l'égard du médium de l'État et du pouvoir, on ne peut en revanche qu'être surpris de la conséquence plus générale que Habermas tire de cela : à savoir « qu'un projet d'État social qui se place à ce niveau de réflexion, et qui vise non seulement à maîtriser l'économie capitaliste, mais encore à contenir l'État lui-même, perd du même coup le travail comme point central de référence »[2]. Pourquoi donc faudrait-il perdre le travail comme « point central de référence » quand on renonce au médium de l'État et du pouvoir, mais qu'on maintient la perspective de l'émancipation ?

Pour comprendre cette position de Habermas, il faut prendre appui sur sa thèse fondamentale selon laquelle « les sociétés modernes disposent de trois ressources à

---

1. J. Habermas, « La révolution de rattrapage », dans *Écrits politiques*, *op. cit.*, p. 211.

2. J. Habermas, « La crise de l'État-providence et l'épuisement des énergies utopiques », dans *Écrits politiques, op. cit.*, p. 161.

partir desquelles elles peuvent subvenir à leurs besoins en régulations : l'argent, le pouvoir et la solidarité » [1]. Ce qui veut dire que lorsqu'on veut domestiquer l'argent et le pouvoir, ou lorsqu'on veut rééquilibrer les rapports entre les trois sources de régulation, on ne peut le faire qu'en prenant appui sur la solidarité et en cherchant à en maximiser politiquement les effets et l'influence. « La puissance d'intégration que représente la solidarité, face aux "puissances" qu'incarnent les deux autres formes de ressource régulatrice – argent et pouvoir administratif – devrait pouvoir être affirmée. » [2]. Tout le problème est de localiser le lieu où sont socialement à l'œuvre des ressources de solidarité : Habermas le situe dans ce qu'il appelle la troisième « arène » de la vie sociale, celle qui se situe à la fois sous l'arène la plus visible de l'appareil d'État et sous l'arène constituée des « groupes anonymes » et des « acteurs collectifs » que sont les grandes entreprises, les groupes de presse et de médias, mais aussi les associations et les partis politiques. La troisième « arène », beaucoup plus informelle, est celle où les individus et les groupes rivalisent entre eux « dans un combat pour ce que Gramsci appelait l'hégémonie culturelle » [3] : les enjeux ici ne sont ni le pouvoir ni l'argent, ce sont « les définitions », autrement dit « l'enjeu est ici la défense des sous-cultures en usage par le fait de la tradition, ou la modification de la grammaire qui définit les formes de vie transmises », les mouvements régionalistes étant un exemple de la première, et les mouvements féministes et écologistes un exemple de la seconde.

1. *Ibid.*
2. *Ibid.*
3. *Ibid.*, p. 163.

Sur les scènes de cette troisième arène, se forment ce que Habermas nomme « des zones autonomes d'espace public » dont il attend qu'elles apportent une contribution à la constitution de formes de vie véritablement démocratiques. « Les zones autonomes d'espace public, écrit-il, devraient parvenir à combiner pouvoir et autolimitation intelligente, c'est à ce prix que les mécanismes d'autorégulation de l'État et de l'économie pourront être suffisamment sensibilisés aux résultats d'une volonté […] se réclamant d'une démocratie radicale. »[1]. La question se pose cependant de savoir comment de telles zones autonomes d'espace public pourraient parvenir à obtenir un pouvoir qui soit tel qu'il leur permette sinon d'influencer, du moins de « sensibiliser les mécanismes d'autorégulation de l'État et de l'économie » : Habermas ne donne pas d'éclaircissements supplémentaires sur ce point, pourtant stratégiquement capital. En revanche, cette perspective lui suffit pour redire que, selon lui, « en passant le cap de la réflexion, le projet d'État social a pris congé de l'utopie propre à la société de travail »[2], de sorte que « les accents utopiques se déplacent du concept du travail à celui de la communication »[3]. D'où sa proposition de maintenir ouvert l'horizon utopique, mais en se gardant de proposer une utopie qui prenne encore la forme d'une totalité concrète, et en posant que « le contenu utopique inhérent à la société de communication [celle qui a pris la relève de la société de travail][4] y est réduit aux aspects formels d'une intersubjectivité intacte »[5].

1. J. Habermas, « La crise de l'État-providence et l'épuisement des énergies utopiques », *op. cit.*, p. 164.
2. *Ibid.*
3. *Ibid.*, p. 165.
4. Nous ajoutons ce qui est placé entre [].
5. *Ibid.*, p. 166.

LA FIN DE LA SOCIÉTÉ DE TRAVAIL
N'EST PAS CELLE DE L'UTOPIE DU TRAVAIL

Même si l'on fait abstraction du caractère désormais daté et très marqué « années 80 » du diagnostic portant sur la fin de la société de travail et sur l'entrée dans un âge que l'on qualifiait à l'époque de « post-industriel », il reste surprenant de voir avec quelle facilité Habermas considère que l'entrée en crise de l'État social signifie la clôture de tout horizon utopique qui puisse encore s'articuler au travail ou à partir du travail. On comprend mieux ce qui lui permet de le faire quand on prend en considération la manière dont il formule ce en quoi a consisté selon lui l'utopie liée au travail : sa compréhension de cette utopie me paraît être entachée de deux défauts majeurs.

Au sujet de « l'utopie propre à la société de travail », Habermas note d'abord qu'il « lui fallait présupposer que les relations de coopération au sein de l'usine, parce qu'elles sollicitaient de manière spontanée la solidarité spécifique à la sous-culture des travailleurs, allaient finir par la renforcer »[1]. Or, constate Habermas, « ces relations se sont entre temps progressivement détériorées », de sorte « qu'on peut se demander si leur capacité à produire de la solidarité sur le lieu de travail pourrait être régénérée, mais on peut aussi dans une large mesure en douter »[2]. Ce qui me paraît ici critiquable et contestable, c'est la restriction à laquelle procède Habermas quand il limite l'expérience des « relations de coopération » à la seule « usine », et quand il en fait un élément spécifique à la seule « sous culture des travailleurs ». Que les relations de coopération et d'association soient constitutives de l'utopie du travail

1. *Ibid.*, p. 165.
2. *Ibid.*

est une chose certaine, mais il est erroné d'en limiter la portée à la seule *usine* et à la seule *sous culture des ouvriers* de la grande industrie.

L'idée de coopération et d'association et le projet d'étendre et de maximiser ces relations de coopération et d'association entre égaux à l'ensemble de la société ne sont pas une idée et un projet uniquement propres à l'usine : ils sont propres aux sociétés modernes dans leur ensemble et en tant que telles, c'est-à-dire en tant que ce sont des sociétés à solidarité organique. En d'autres termes, l'idée de coopération ne naît pas de la seule division *technique* du travail au sein de l'usine moderne, comme semble le penser Habermas, mais aussi et même d'abord de la division *sociale* du travail quand celle-ci devient le principe de la solidarité sociale dans les sociétés modernes. « Toute société est une société morale », écrivait Durkheim, et il ajoutait que ce caractère était encore plus développé, « plus prononcé » dans les « sociétés organisées », c'est-à-dire dans les sociétés « qui reposent le plus complètement sur la division du travail », et dans lesquelles la moralité prend une nouvelle forme, qui ne passe plus par l'imposition d'une autorité forte à des individus faibles et soumis, mais au contraire par le développement même de l'autonomie et de la personnalité individuelle [1]. Et tel est le cas parce que, d'une part, ce sont des sociétés dans lesquelles les individus ne se suffisent pas à eux-mêmes, dépendent les uns des autres et « s'habituent à ne se regarder que comme les parties d'un tout, l'organe d'un organisme » [2], mais aussi parce que, d'autre part et en même temps, la société

---

1. É. Durkheim, *De la division du travail social*, Paris, P.U.F., 2007, p. 207. Voir B. Karsenti, *La société en personnes. Études durkheimiennes*, Paris, Economica, 2005.
    2. *Ibid.*

elle-même « apprend à regarder les membres qui la composent, non plus comme des choses sur lesquelles elle a des droits, mais comme des coopérateurs dont elle ne peut se passer et vis-à-vis desquels elle a des devoirs »[1]. En d'autres termes, dans les sociétés à division du travail, chaque individu est en mesure, là où il est et dans l'activité à laquelle il se consacre, « de sentir les collaborateurs qui travaillent à côté de lui à la même œuvre que lui »[2] : l'idée de cette œuvre commune s'étend à la société entière, au sens où chaque individu est en mesure, en raison à la fois de la dépendance où il est à l'égard du travail de tous les autres et de l'autonomie qu'il conquiert du fait de la spécialisation de sa propre tâche, d'apercevoir et de concevoir l'ensemble de la société comme n'étant pas autre chose que « l'œuvre commune » à laquelle chaque individu participe par la contribution qu'il y apporte, une contribution qui est à la fois volontaire, personnelle, indispensable et complémentaire de celle des autres.

Durkheim nous permet ainsi de comprendre que, contrairement à ce que pense Habermas, les relations de coopération ne se limitent pas à la seule « usine » et que la solidarité n'est pas que le produit de la seule « sous culture des travailleurs » d'usine : l'utopie propre à la société du travail, celle d'une maximisation des relations de coopération et d'association, l'utopie d'une société qui soit l'œuvre commune organisée consciemment et de façon autonome par les individus eux-mêmes – cette utopie possède des racines bien plus profondes que la seule solidarité ouvrière, elle est liée à la nature même des sociétés modernes en tant que la solidarité des individus

1. *Ibid.*, p. 208.
2. *Ibid.*, p. 348.

entre eux n'y est précisément plus assurée que par la division du travail social. Aussi la détérioration des relations de coopération sur le lieu de travail – sur laquelle Habermas s'appuie pour fonder son idée d'une fin de l'utopie du travail – n'empêche pas les individus victimes de cette détérioration de puiser à la source de la solidarité sociale pour résister à cette détérioration et pour faire valoir des exigences normatives de justice au travail portant sur une répartition équitable des chances de participer à l'œuvre sociale commune.

La seconde limite de la critique que Habermas adresse à l'utopie liée au travail apparaît quand il note que, dans l'utopie du travail, « c'est de la productivité des relations de travail qu'en fin de compte devait tout simplement se dégager le potentiel propre aux relations d'intercompréhension ». Rien ne légitime ici le lien que Habermas établit entre la *productivité* des relations de travail d'une part, et la formation des relations d'intercompréhension d'autre part. La formation du potentiel de solidarité propre aux relations d'intercompréhension et donc aussi de coopération n'a rien à voir avec le caractère productif du travail, au contraire : on peut même soutenir à l'inverse que la soumission du travail à des impératifs ou à des objectifs productifs entraîne au contraire comme conséquence de limiter et de restreindre le potentiel d'intercompréhension et de collaboration propre aux relations de travail.

De sorte que l'utopie d'une libération du travail, non seulement ne suppose pas une maximisation de la productivité des relations de travail, mais au contraire exige que le travail et les relations de travail soient libérés des impératifs productifs : on ne peut qu'être surpris de constater que le même Habermas qui, d'un côté, définit très justement le « noyau utopique » de la société du travail comme consistant dans le projet d'une « libération du travail hétéronome », ne voit pas d'un autre côté dans la productivité la forme et même la forme par excellence de l'hétéronomie du travail. La productivité est en effet un impératif qui vient non pas du travail lui-même, mais de sa soumission à une instance extérieure qui le domine et de son enrôlement dans un processus dont il n'a pas la maîtrise, à savoir dans le processus de la formation et de l'accumulation de la valeur. Dans sa critique de l'utopie du travail, Habermas se satisfait ainsi d'une assimilation du travail à la production, et de la production elle-même à ce qu'il appelle « le déchainement de la raison instrumentale dans les forces productives »[1] : il fait comme si, du travail à la production, puis de la production au déchainement de la raison instrumentale et, de là, à la destruction de la nature, la conséquence était bonne.

C'est tout l'enjeu d'une relance de l'utopie du travail que de défaire cette chaine de conséquences, et de le faire en montrant qu'elle repose sur l'acceptation naïve d'une assimilation qui est en réalité produite par le capital, à savoir l'assimilation du travail à la production : le travail productif est le travail soumis à la logique de valorisation du capital qui ne s'impose qu'à écraser les potentialités émancipatrices dont le travail est porteur en tant qu'organe et véhicule de la solidarité dans les sociétés à division du travail. Ces potentialités ne peuvent être libérées sans que le travail lui-même ne se libère de la logique productive exogène dont on peut dire, en reprenant les termes de

1. J. Habermas, « La crise de l'État-providence et l'épuisement des énergies utopiques », dans *Écrits politiques*, *op. cit.*, p. 166.

Durkheim, qu'elle vient « dénaturer la division du travail »[1] en ce qu'elle l'empêche de produire ses effets de solidarisation des individus et de communalisation de la vie sociale.

1. É. Durkheim, *De la division du travail social, op. cit.*, p. 364.

CONCLUSION

> Le travail *n'est pas la source* de toute
> richesse. La *nature* est tout autant la source
> des valeurs d'usage (et ce sont bien elles
> qui constituent pourtant la richesse
> objective ?) que le travail, qui n'est
> lui-même que l'expression d'une force
> naturelle, la force de travail humaine.
>
> Karl Marx [1]

On a vu que Marx a été particulièrement perspicace
s'agissant de la destruction des ressources naturelles – et
en particulier de la fertilité des sols – consécutive à la
révolution provoquée par la grande industrie dans
l'agriculture [2]. Mais c'est l'industrie productive capitaliste
en tant que telle qui a ces conséquences, indépendamment
même de son application à l'agriculture. Ainsi, Marx
considérait que, « avec la prépondérance toujours croissante
de la population urbaine qu'elle entasse dans de grands
centres, la production capitaliste [...] perturbe le
métabolisme entre l'homme et la terre, c'est-à-dire le retour

---

1. K. Marx, *Critique du programme de Gotha*, trad. fr. S. Dayan-
Herzbrun, Paris, Éditions sociales, série « GEME », 2008, p. 49. Nous
corrigeons la traduction : elle dit seulement « richesse », là où Marx dit
« *sachliche Reichtum* », « richesse objective », au sens d'une richesse
liée à une chose (*Sache*) possédant une utilité elle-même inséparable de
la matérialité de cette chose et de ses propriétés physiques.
2. Voir ici même, l'Introduction.

au sol des composantes de celui-ci usées par l'homme sous forme de nourriture et de vêtements, donc l'éternelle condition naturelle d'une fertilité durable du sol » [1]. Cette perturbation du « métabolisme entre l'homme et la terre » – un concept marxien dont John Bellamy Foster a redécouvert l'importance [2] – s'explique par le fait que « les résidus de la consommation sont de la plus grande importance pour l'agriculture », tandis que, dans le même temps, « leur utilisation donne lieu, en économie capitaliste, à un gaspillage colossal » [3]. Et c'est ainsi que, « à Londres, par exemple, on n'a trouvé rien de mieux à faire de l'engrais provenant de 4 millions ½ d'hommes que de s'en servir pour empester, à frais énormes, la Tamise » [4], au lieu de rendre tous ces « résidus de la consommation » aux terres agricoles et de permettre le renouvellement de leur fertilité.

Ne pas rendre à la terre et aux sols les déchets produits par une ville de 4,5 millions d'habitants et s'en « servir » au contraire pour polluer un fleuve entier, c'est empêcher le travail naturel de régénération des sols, c'est « perturber *l'éternelle condition naturelle* d'une fertilité durable du sol » (nous soulignons). Il n'est pas indifférent que Marx utilise ici, au Livre 3 du *Capital*, une tournure (« *die ewige Naturbedingung* ») qui est très exactement la même que celle à laquelle il recourt, dans le Livre 1, quand il s'agit de caractériser le procès de travail humain, en tant que procès assurant le métabolisme entre les hommes et la nature ou entre les sociétés humaines et la nature : « le procès de travail [...] est l'appropriation de l'élément

1. K. Marx, *Le Capital*, livre 1, chap. XIII, *op. cit.*, p. 565.
2. J. Bellamy Foster, *Marx's Ecology : Materialism and Nature*, New York, Monthly Review Press, 2000.
3. K. Marx, *Le Capital*, livre 3, chap. V, *op. cit.*, p. 111.
4. *Ibid.*

naturel en fonction des besoins humains, il est la condition
générale du métabolisme entre l'homme et la nature, *la
condition naturelle éternelle* de la vie des hommes » [1]. Le
travail étant « un procès qui se passe entre l'homme et la
nature, un procès dans lequel l'homme règle et contrôle
son métabolisme (*seinen Stoffwechsel*) avec la nature par
la médiation de sa propre action » [2], il est dès lors inévitable
que la transformation productive du procès de travail,
c'est-à-dire son intégration et sa soumission au procès de
production et de valorisation du capital, doive se solder
non seulement par une perturbation des échanges méta-
boliques entre les hommes et la nature, mais aussi et
simultanément par une perturbation des processus mêmes
par lesquels la nature reproduit constamment – « éternel-
lement » dirait Marx – les conditions dont se nourrit le
procès humain de travail, lui qui trouve dans la terre à la
fois « l'objet universel de travail » et « l'arsenal originel
des moyens de travail » [3].

C'est pourquoi les conditions qui rendent le travail
humain productif pour le capital, et qui président à
l'exploitation de la force humaine de travail, sont les mêmes
conditions qui engendrent « une exploitation des forces
du sol qui équivaut à leur gaspillage » [4]. Ce gaspillage est
la conséquence directe du déséquilibre que le développement
de la grande industrie engendre dans la relation et
l'interaction entre la société et la nature :

> En réduisant la population agricole à un minimum, à un
> chiffre qui baisse constamment en face d'une population

1. K. Marx, *Le Capital*, livre 1, chap. v, *op. cit.*, p. 207 (je souligne).
2. *Ibid.*, p. 199.
3. *Ibid.*, p. 201.
4. K. Marx, *Le Capital*, livre 3, chap. xlvii, *op. cit.*, p. 735.

industrielle, concentrée dans les villes, et qui s'accroît
sans cesse, la grande propriété foncière [1] crée ainsi des
conditions qui provoquent un *hiatus* irrémédiable dans
l'équilibre complexe du métabolisme social composé
par les lois naturelles de la vie ; il s'ensuit un gaspillage
des forces du sol, gaspillage que le commerce transfère
bien au-delà des frontières du pays considéré (Liebig) [2].

Et qu'on n'aille pas croire que cette critique de la grande
propriété foncière s'accompagnerait chez Marx d'une
nostalgie de la petite propriété foncière d'avant l'industria-
lisation de l'agriculture. Certes pas. Ces deux formes de
propriété ont en commun de relever de la propriété *privée*
et, à ce titre, elles ont aussi en commun d'empêcher que
« la terre soit consciemment et rationnellement traitée
comme la propriété perpétuelle de la collectivité, [comme]
la condition inaliénable d'existence et de reproduction de
la série des générations successives » [3], c'est-à-dire comme
ce qu'on appellerait aujourd'hui un *commun*. Cette irratio-
nalité commune aux deux formes de propriété se marque,
pour la petite propriété foncière, « au manque de moyens
et de connaissances scientifiques permettant d'utiliser la
force productive sociale du travail », et pour la grande
propriété foncière, au fait que « les fermiers et propriétaires
utilisent ces moyens [*i.e.* les moyens et connaissances
scientifiques] pour s'enrichir le plus rapidement possible » [4].
Gaspillage donc, et dans les deux cas, des ressources
naturelles et humaines : par ignorance dans le premier, par
cupidité dans le second.

---

1. Qui se développe en même temps que l'agriculture s'industrialise
et est intégrée à l'économie capitaliste.

2. K. Marx, *Le Capital*, livre 3, chap. XLVII, *op. cit.*, p. 735.

3. *Ibid.*

4. *Ibid.*

Mais ce gaspillage des forces du sol n'a d'égal que le gaspillage de forces *humaines* de travail dont le capital est capable, aussi bien en épuisant les forces de ceux qu'il rend productifs, qu'en laissant inemployées les forces de millions d'autres. C'est notamment ce que fait l'agriculture industrielle qui, en réduisant sans cesse la proportion de la population agricole, « mine la force de travail dans la dernière zone où son énergie naturelle cherche refuge : la campagne », et où elle constituait « un fonds de réserve destiné au renouvellement de la force vitale des nations »[1]. Ce fonds de réserve est désormais gaspillé : une part toujours croissante de la population agricole des campagnes est laissée au désœuvrement du non-travail et est ainsi poussée à s'entasser dans les villes industrielles où sa force de travail achèvera d'être « ravagée et ruinée » en y étant soumise au travail productif et à l'extorsion de survaleur.

À première vue, la grande industrie et « la grande agriculture » (c'est-à-dire l'agriculture industrielle de type capitaliste) paraissent se distinguer en ce que « la première ravage et ruine davantage la force de travail, donc *la force naturelle de l'homme* »[2], tandis que la seconde « ravage et ruine plus directement la force naturelle de la terre »[3]. Mais on s'aperçoit à l'examen qu'en réalité les deux, la grande agriculture et la grande industrie, œuvrent dans le même sens et finissent « en se développant », comme dit Marx, par « se donner la main »[4]. La grande agriculture

1. *Ibid.*, p. 736.
2. Nous soulignons.
3. *Ibid.*
4. *Ibid.*

industrielle [1] finit par ruiner la force humaine de travail aussi sûrement dans les champs que la grande industrie le fait dans les usines, tandis que, réciproquement la grande industrie fournit à la grande agriculture les moyens techniques – et notamment chimiques – de ruiner les forces productives naturelles des sols dans le but de satisfaire les besoins d'une population urbaine en très forte et continuelle croissance :

> Le système industriel à la campagne finit aussi par débiliter les ouvriers, [tandis que] l'industrie et le commerce, de leur côté, fournissent à l'agriculture les moyens d'épuiser la terre [2].

L'épuisement des forces de la terre et celui des forces humaines de travail sont concomitants sous le capitalisme, ils s'entretiennent l'un l'autre, et ils ne peuvent être l'un

---

1. Michel Freitag faisait remarquer à juste titre que « la notion d'agriculture industrielle est une contradiction dans les termes puisque le mot "industrie" vient de *endo-struere*, c'est-à-dire construire ou faire en dehors du regard, en dehors de la place publique dans le secret privé de l'atelier », alors que les activités agricoles étaient originairement collectives et « se déroulaient de manière manifeste ou publique ». « Mais les champs aussi ont été soustraits au monde commun pour être appropriés privément comme capital productif » (M. Freitag, *L'abîme de la liberté. Critique du libéralisme*, Montréal, Liber, 2011, p. 69). Que cette référence à Freitag soit pour nous l'occasion de souligner l'importance de l'analyse qu'il consacre à une forme grecque de l'agir qui s'ajoute à la *praxis* et à la *poièsis*, et à laquelle Arendt n'a fait aucun sort : l'*ergazasthai* qui, en Grèce ancienne, « n'est pas compris comme une production (…) mais était vécu immédiatement et en quelque sorte expressivement comme une participation directe et donc heureuse à la prodigalité vivante de la nature, une participation marquée d'un caractère essentiellement collectif, rituel et festif, et qui reste associée à la fréquentation du sacré » (*ibid* et aussi *ibid.*, p. 237). Il en est longtemps resté quelque chose dans les vendanges et les moissons, par opposition à la peine du labour.
2. K. Marx, *Le Capital*, livre 3, chap. XLVII, *op. cit.*, p. 736.

comme l'autre interrompus sans que la logique productive
du capital le soit également. Cette interruption est la
condition du rétablissement d'une relation métabolique
équilibrée entre la nature et les sociétés humaines. Il n'y
a pas d'autre objectif possible aujourd'hui que celui d'une
« restauration métabolique »[1] : la perspective d'une
réorganisation de la société – celle qui a pris historiquement
le nom de socialisme – n'est plus séparable de celle d'une
restauration métabolique qui ne peut elle-même être obtenue
que par un démantèlement des rapports sociaux de
production de type capitaliste, en tant qu'ils sont toujours
en même temps des rapports sociaux à la nature dont l'effet
est d'interrompre le cycle des échanges entre celle-ci et la
société et d'empêcher le renouvellement des bases
biologiques de la production. Toute l'importance du point
de vue qui a été celui de Marx sur ces questions réside
dans le fait d'avoir rendus inséparables le sort de la nature
de celui du travail humain. Le gaspillage des ressources,
le blocage des processus de renouvellement des bases
biologiques de la vie sociale sous le capital concerne aussi
bien et indissolublement les ressources propres à la nature
que les forces humaines de travail, c'est-à-dire les deux
seules sources de toute richesse possible pour les hommes :
les deux sont ruinées concomitamment, de sorte que la
libération de la logique productive de type capitaliste serait
une libération aussi bien pour le travail que pour la nature.

Pour ce qui concerne la sphère qu'il considère comme
étant celle de la « nécessité », c'est-à-dire la sphère
irréductiblement requise en toute société (y compris

1. D. Weston, *The Political Economy of Global Warming : The Terminal Crisis*, London, Routledge, 2014. Et la reprise de cette perspective par J. Bellamy Foster et P. Burkett, *Marx and the Earth. An Anti-Critique*, Chicago, Haymarket Books, 2017.

socialiste) de l'activité de travail nécessaire à la satisfaction des besoins, Marx expliquait que,

> dans ce domaine, la seule liberté possible est que l'homme social, les producteurs associés règlent rationnellement leurs échanges avec la nature, qu'ils la contrôlent ensemble au lieu d'être dominés par sa puissance aveugle et qu'ils accomplissent ces échanges en dépensant le minimum de force et dans les conditions les plus dignes et les plus conformes à leur nature humaine [1].

Le métabolisme des hommes et de la nature, les échanges rationnellement réglés et équilibrés entre la société et la nature n'ont de chances de pouvoir être rétablis que dans et par une société qui soit elle-même rationnellement organisée ou, en d'autres termes, qui institue la forme sociale de la raison et adopte donc la forme associative et coopérative propre au travail.

---

1. K. Marx, *Le Capital*, livre 3, chap. XLVIII, *op. cit.*, p. 742.

TABLE DES MATIÈRES

Achevé d'imprimer le 30 juillet 2019
La Manufacture - Imprimeur – 52200 Langres – Tél. : (33) 325 845 892
Imprimé en France – N° : 190860 – Dépôt légal : août 2019